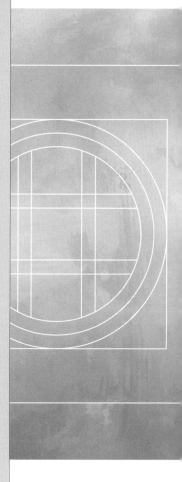

インド後期密教 上

方便・父タントラ系の密教

松長有慶 編著

春秋社

1　色界の至高処アカニシュタ天（色究竟天）で密教の教えを説く毘盧遮那如来としての釈尊。背後は須弥山　チベット／The Avery Brundage Collection, B60D13+. ©Asian Art Museum of San Francisco. Used by permission.

2 『秘密集会タントラ』の主尊阿閦金剛は三面六臂で、明妃触金剛女を坐して抱擁する姿で描かれる　チベット／ハンビッツ文化財団蔵

3　阿閦金剛を中尊とする秘密集会聖者流三十二尊マンダラ
チベット／©Zimmerman family collection

4　暴悪忿怒の形相で明妃ヴァジュラヴェーターリーを抱擁する
ヴァジュラバイラヴァ　チベット／北村コレクション

5　ヴァジュラバイラヴァ父母仏を描いたチベットのタンカ
©Zimmerman family collection

6　水牛に乗り、明妃を抱擁する白い身体のモーハヤマーリ
チベット／ペンコル・チョルテンの壁画

7 『ナーマサンギーティ』に基づく法界語自在マンダラ。中尊は法界語自在文殊
ネパール領ムスタン／ローモンタン弥勒堂の壁画

8 『ドゥルガティパリショーダナ・タントラ』所説の宿曜マンダラ　同上

9　仏頂尊勝マンダラ。ヴァジュラーヴァリーの四種のマンダラの一つ
チベット／©Zimmerman family collection

はしがき——いまなぜ、インド後期密教なのか

いまインド後期密教に、世界の関心が集まっている。それは二〇世紀の後半期に、欧米の知識人や若者の間に急激に台頭した東洋文化の再認識運動とつながりをもつ。また一方、第二次世界大戦以前は、欧米の社会にほとんど知られていなかったチベット仏教が、世界に紹介されるという思いがけない社会変化が生じたことも、その一因となった。

二〇世紀の半ばに、ダライ・ラマを初めチベットの学僧たちはやむなく本拠地を離れ、インドや欧米各国に移住せざるを得ない政治的状況が起こった。その悲運にも屈せず、かれらは世界の各地でチベット仏教の高度な思想性について誇りをもって説き、それがもつ救済の原理を、年月を重ねて広く一般に浸透させていった。

欧米の知識人たちはチベットの学僧に接して初めて、その思想とその救済の原理が、疲弊の兆候を見せ始めた現代文明にとって、極めて斬新で、魅力的な示唆に富む内容をもつことに気

がついた。そこには二〇世紀の後半になって顕在化した近代の科学技術文明の病根に、有効な治療法を提供する何かが秘められている、そう人々は感じ取った。

一方、一〇数年前まで鎖国状態にあり、異邦人の立ち入りを禁じていたチベット自治区をはじめ、その周辺のチベット仏教の文化圏に、外国人も足を踏み入れることが可能となった。その結果、一般の人々がチベットの仏教文化と接触する機会が急激に増加した。

チベット仏教の中で大きな比重を占めるのが、密教である。一般の人々も今まで公開されず、秘密のヴェールに覆われていた密教と容易に接点をもつことができるようになった。

チベット密教寺院の中でも、忿怒形の男女合体尊を祀る護法堂に、一歩足を踏み入れた途端に、五感がしびれわたり、グワーンと頭を殴られたような強烈なショックを受ける。文明社会の中で知らぬ間に蓄積した世俗の垢も、重たくのしかかるストレスの数々も、一瞬のうちにきれいさっぱりと消散してしまう。宇宙に充満するエネルギーが、その数メートル四方の堂舎のわずかな空間にじっと凝縮して、闖入者《ちんにゅうしゃ》を待ち構え、開扉の鍵の音とともに一挙に襲いかかるとしか思えない。

チベット密教はインド後期密教にその源流が存在し、両者は密接な関連性をもってつながっている。チベット寺院に残るマンダラの典拠は、ほとんどインド密教の経典、ないしタントラの名をもつ密教の儀軌に求めることができる。

チベット寺院に残るインド後期密教のマンダラに画かれたどくどくしい原色の仏たち、動物の生首や人間の髑髏《どくろ》をひっさげ、牙をあらわにして怒り狂い、女神を抱く異形《いぎょう》の仏の数々、それもこれも日本仏教の静寂の中に威厳に満ちた仏菩薩を見慣れた眼には、極めて異様に映る。日常生活とはまったく異質な空間がそこに広げられているからである。

人間の視・聴・嗅・味・触覚などあらゆる感覚器官をフルに動員して、大宇宙のエネルギーを一身に集約して受け止める。インド後期密教とはこのような機能を備えたパワーあふれる宗教であることを、これらの忿怒尊に取り囲まれて感覚的に了解することができる。

インドの後期密教の聖典には、近代人の常識を破る数々の思想と儀礼が詰め込まれている。性に関する開放的な叙述、ドロドロした原始的な呪法、殺や盗の容認、人間の髑髏、経血、精液などを用いる修法、近代の知識人にとって、いずれも嘔吐を催す内容を含むため、かつては「左道《さどう》密教」の汚名のもとにしばしば非難の対象とされた。

とはいえ、インド後期密教の聖典を表面的な観察ではなく、じっくり腰をすえて研究してみると、それらはいずれも深い文化史的な背景をもち、仏教思想による意味付けがしっかりとなされていることに気がつく。これらの新しい見解については、本書のいくつかの論文に詳しく解説されている。

古代インドのヴェーダ聖典や非アーリヤンの宗教儀礼ないし呪法、さらに族制の呪術、祭式などが思い切って取り入れられている。だがインド後期密教の儀礼は、インド古来の民族宗教の寄せ集めでもなければ、それらの単なる再現でもない。それらを摂取した上で、多くの場合、仏教独自の思想に基づいて再構築し、あるいは教理的な裏づけを与えて仏教的な会通《えつう》を試み、仏教聖典としての体裁を保持すべく努力を払っている。

インドの古代宗教のもつ原初的な要素を取り込むことによって、近代文明が見失った宇宙的な規模のエネルギーを横溢させ、同時にそれらを内面化し、仏教教理に基づき論理化を果たす。後期密教の聖典の中には、時空を超えた無限性とつながり、存在相互の関係性を踏まえた、哲学的な思惟と実践の法がぎっしりと埋まっている。これらの思索の跡と修道の方法は、人間中心の有限世界に限定された世界観の中で、方向性を見失った現代人にとって、示唆に富む文化遺産として眼に映る。

二〇世紀の後半になって、世界各地で、仏教、ヒンドゥー教を問わず、タントラ聖典のサンスクリット・テキストの校訂出版も相次ぎ、その注釈書、成就法《じょうじゅほう》（修道のための手引書）を含めたサンスクリットやチベット語の文献も容易に入手できるようになった。

さらにインド、バングラデシュ、パキスタン、チベットなどの現地調査がさかんに実施されるようになり、それまで知られていなかった仏像やマンダラの数々が世界に紹介された結果、インド後期密教の研究は飛躍的に進展した。あわせてヒンドゥー教タントリズムの研究成果も、仏教タントリズムの研究に取り入れられ、インド後期密教はインドの宗教史ないし文化史の一環として幅広い視野のもとで研究が進められている。

幸いなことに現在、日本におけるインド後期密教の研究は、世界的に見ても、きわめて高い水準にあるといってよい。この機を逃さず、現在、斯学の第一線で活躍しているインド後期密教の専門研究者数名が集まり、それぞれの研究成果をまとめ、主要な聖典ごとに、その思想・実践法・マンダラなどを中心に、一般の方々にも理解が得られるように、できるかぎり平易な書物にまとめたいと計画し、公にしたのが本書である。

ここ数年来、インド、チベット各地から出土し、発見された仏像やマンダラの数々が、この書物には口絵カラー写真と本文中のモノクロ写真で掲載され、文献解説と連動して、内容の理解を助けるように配慮もなされている。これらの貴重な写真の数々をご提供いただいた北村太道氏、松本栄一氏、ジャック・ツィンマーマン氏、ハンビッツ文化財団の韓光鎬会長、そして執筆者の方々に謝意を表したい。

また、本書の企画と編集については、春秋社編集部の桑村正純氏の助言と協力によるところが大きい。記して感謝の気持ちを表明したい。

この書物の出版が機縁となって、いままで一般には秘密のヴェールに包まれていたインド後期密教の思想とその文化が、一般の方々に誤りなく受け止められ、それらがもつ本来の価値が日本人の間で広く共通の話題として取り上げられるようになって欲しいものである。閉塞感の充満した現代文明に、大きな活力を与える起爆剤になることは疑いのないところであろう。

二〇〇五年　七月二一日　　喜寿の喜び日に

編者　しるす

インド後期密教〔上〕……………目　次

インド後期密教〔上〕

方便・父タントラ系の密教

持金剛　チベット／北村コレクション

序　忿怒の仏が放つ宇宙エネルギー

父タントラと成就法集成

松長有慶

インド密教の流れ

インド密教はその歴史的な展開に従って、初・中・後の三期に分けるのが一般的である。その場合、『大日経《だいにちきょう》』と『金剛頂経《こんごうちょうきょう》』の成立した七世紀を基点として、この時期を中期、六世紀以前を初期、八世紀以降を後期と三区分する。

日本密教では、『大日経』と『金剛頂経』を主体とする密教を、正純密教、略して純密《じゅんみつ》、それ以前に成立し、それほど組織的ではない密教を、雑部《ぞうぶ》密教、略して雑密《ぞうみつ》と呼びならわしてきた。雑部の名は九世紀の初め空海が中国から密教を将来し、持ち帰った密教経典を、『大日経』関係の胎蔵部と、『金剛頂経』関係の金剛部と、そのいずれにも属さない雑部に、三分したことに由来する。雑に対して、純を対照的に取り上げたのは、江戸後期以降のことで新しい。インド後期密教に関しては、二〇世紀になるまで日本人の間ではほとんど知られていなかった。

インドにおいても、密教をその性格により分類する方法が数種類あるが、それほど一般的ではない。現在、研究者の間で最もよく使用されているのは、チベット仏教の碩学プトゥンが、チベット大蔵経の編纂に際して用いたインド密教の四分法である。そこでは密教の聖典と論疏が、原則として所作《しょさ》（kriyā）・行《ぎょう》（caryā）・瑜伽《ゆが》（yoga）・無上瑜伽《むじょうゆが》（anuttarayoga）の四種に分類される。

厳密にいえば例外もないわけではないが、これら四種の中で、所作は雑部で初期密教に、行は『大日経』、瑜伽は『金剛頂経』で、ともに中期密教に、無上瑜伽は後期密教にほぼ該当する。

インドにおいて、密教は初期・中期・後期の三つの時期で、思想の上でも、儀礼に関しても大きな変化を見せる。初期の密教から中期の密教への展開の中で、特徴的な性格は以下の五点にまとめることができる。

1　修法の目的が現世利益から現世における成仏に変化したこと。

2　それまで行者集団の中で別々に萌芽し、育てられてきた印契《いんげい》と陀羅尼《だらに》と精神集中の法が、一元的に把握されて、身・語・意の三密《さんみつ》を総合する瑜伽の観法《かんぼう》として組織化せられたこと。
3　行者が執行してきた宗教儀礼を仏教教理によって意味づけ、内面化し、象徴化することによって、呪法の仏教化を図ったこと。
4　個々に信奉されていたバラモン教あるいはヒンドゥー教に出自をもつ神々や、大乗仏教の仏菩薩を、仏教思想によって一定の枠組みの中で体系化し、組織をもったパンテオンを作り出したこと。『大日経』に基づく胎蔵曼荼羅、『金剛頂経』によった金剛界曼荼羅がその代表とされる。
5　経典を説く教主が、歴史上の人物である釈尊から、真理そのものを仏と見なす大日如来に変化したこと。

タントラ聖典

インドの後期密教は、一般にタントラ仏教（tantric buddhism）とか、仏教のタントリズム（buddhist tantrism）といわれる。この名称は、仏教の聖典は中期密教までは経典（sūtra）の名をもっていたのに対し、後期密教では、タントラと称されたことによる。

タントリズムとは古代インド人の間で古くからもち続けられた民間信仰、星占、巫術、祭式、儀礼をはじめ、医学、薬学、天文学、錬金術などの科学、あるいは法律などの日常生活の規範をも包括した民衆の文化を総括した名称である。いわばタントラは、その中に現代人のいう科学に類するものから、太古以来のインド民衆の日常生活の基盤の底に沈潜したドロドロした澱みともいうべき呪法まで、一切合財含められている。したがってそれは仏教だけではなく、ヒンドゥー教やジャイナ教にも、それぞれの宗教生活の基底に潜んでいるものであるが、インドにおいては七世紀頃から急激に社会の表面に現れはじめた。

密教経典の中には、アーリヤと非アーリヤ両系統の民衆の信仰が古くから大幅に取り入れられ、宗教儀礼とかパンテオンの中にヒンドゥー文化が色濃く反映されている。しかし八世紀頃になると、仏教のタントラ化が急激に進められ、仏教の中にヒンドゥー教的な要素が目立ちはじめる。『金剛頂経』系統のインド後期密教に、それはとくに著しい。

インドの後期密教を中期密教と対比するとき、とくに目に付く特質として、次の五点を挙げることができる。

1 忿怒形《ふんぬぎょう》の仏、菩薩、明王、とくに多面多臂《ためんたひ》像が多くなる。

2 女性の配偶者を同伴し、あるいは男女の仏が合体した父母尊（チベット語でいう yab-yum）が現れる。

3 主尊の交代が行われ、中央の大日如来に代わって、マンダラの中心をなす五仏のうち他の

◀『秘密集会タントラ』の主尊阿閦金剛。三面六臂で、同じ尊容の明妃を抱く父母尊のスタイルをとる　チベット／北村コレクション

四仏のいずれか、あるいは五仏を統括する金剛薩埵《こんごうさった》などが中尊となる。
4 殺生とかセックスを大胆に容認するといった、通常の倫理や道徳に反する教説が正面きって取り上げられる。
5 実践面において、人間の生理活動を積極的に応用した修法によって、解脱《げだつ》への道が提示される。そのため教法の秘密保持と、それを伝授する阿闍梨《あじゃり》の絶対性をとくに強調する。

インドの後期密教の流れは大きく分けて、二つの傾向がある。『秘密集会《ひみつしゅうえ》タントラ』などの父《ふ》（方便《ほうべん》）タントラ系と、『ヘーヴァジュラ・タントラ』や『サンヴァラ・タントラ』などの母《も》（般若《はんにゃ》）タントラ系とである。

両系統のうち、どちらかといえば母タントラ系の密教の方が、ヒンドゥー教的な色彩を濃厚に残している。いずれも基本的にはヨーガ（瑜伽）の実修によって、ミクロである行者がマクロである本尊と一体化するのが最終目的であることはいうまでもない。しかし両系統のタントラは、その実践法に差異がある。父タントラ系の行法は、人間の生理活動を制御しつつ、人間のもつ本来の生命力を生かす穏やかな方法をとる。それに対して母タントラ系では、呼吸とか脈管《みゃくかん》の活動力を利用して、本来の生命力を活性化しようとする。

後期密教では、両系統とも、生起《しょうき》次第と究竟《くきょう》次第という二つの実践体系をもつのが通常である。生起次第とは、マクロの世界がミクロの世界に姿を現す過程を修法の次第に組み立てたものであり、絶対なるものがマンダラとして現象世界の中に具体的に展開する。

それに対して究竟次第とは、行者すなわちミクロが本尊すなわちマクロと次第に融合し、同化していく過程を、ヨーガの観法として構成したもので、生理とか呼吸を抑制したり、あるいは活性化させたりする具体的な方法を説いている。

本シリーズでは、上巻を父タントラ系と成就法集成類に当て、下巻に母タントラ系と父母両タントラ系を総合する『カーラチャクラ・タントラ』を収めた。上巻のうち成就法集成は、内容的には父母両タントラ関係の成就法を含むが、上巻と下巻の配分の関係上、上巻にまとめて収録した。

父タントラ

インド後期密教は、思想、マンダラ、実践法いずれの面においても、瑜伽タントラに属する『真実摂経《しんじつしょうきょう》』に基点をもつ。『真実摂経』は十八部の膨大な『金剛頂経』系の聖典の初会《しょえ》に当たると見なされ、日本の真言密教では、『初会の金剛頂経』とも呼ばれて重要視されているが、インド後期密教においても基幹となる聖典である。

日本密教では、『金剛頂経』と並び重視される『大日経』は、インド後期密教にはほとんど影響を与えなかった。インド後期密教は『金剛頂経』の発展と目されるところから、「金剛乗」

(vajrayāna) の名で呼ばれることもある。

不空訳『金剛頂経瑜伽十八会指帰《じゅうはってしいき》』(以下『十八会指帰』と略称) には、『金剛頂経』の十八会の概要が説かれている。この記述のみによって十八部の『金剛頂経』の内容の全貌を窺うには十分とはいえない。しかし『十八会指帰』の記載によって、不空の時代すなわち八世紀の中ごろには、後期密教の主要なタントラのいくつかの源泉的な記述の萌芽が存在したことを認めてもよいであろう。

父タントラを代表する聖典は『秘密集会タントラ』である。瑜伽部の『真実摂経』の最初の発展段階としてこのタントラを捉えることも可能である。『秘密集会タントラ』は流派的な形態をとってその後も展開し、それより若干隆盛期の遅れる母タントラ系の密教の最盛期にも、その権威を失うことはなかった。

『幻化網《げんけもう》タントラ』『ヤマーリ・タントラ』『マハーヴァジュラバイラヴァ・タントラ』はいずれも『秘密集会タントラ』と同一の系統に属し、多面多臂の忿怒尊が主役の座を占める。この点に関しては『真実摂経』の降三世品第二の展開と見ることができる。

それとともにこれらのタントラに説かれる主尊が多くの場合、明妃を抱く双身の男女合体仏、いわゆる父母尊であることも特徴的である。

忿怒形をした合体尊、生々しい怒りとセックスの融合が、現世を超えた宇宙的なエネルギーを凝縮させて、われわれの皮膚感覚に直接ぶつかってくる。父タントラは、無上瑜伽密教の第一段階ではあるが、瑜伽部の密教とは異質な雰囲気を感じさせるに十分な要素を兼ね備えている。

この巻には、忿怒尊を主体とする諸タントラの他に、その所属を厳密には定めることのできない聖典と成就法を加える。

その聖典の一である『ナーマサンギーティ』は、古くからインド人の間で継承されてきた神々に対する讃嘆の言葉とか、大乗仏教の経典読誦《どくじゅ》の信仰が密教儀礼の中に取り入れられ、「名号《みょうごう》の読誦」の名をもつ聖典として誕生した。文殊師利の名の讃嘆がその背景に大毘盧遮那《だいびるしゃな》を想定し、仏教教理によって内面化され、瞑想法が組織化され、またマンダラが構成される。その中には密教経典成立の一面を示す興味深い内容が秘められている。

ここで取り上げるもう一つの聖典『ドゥルガティパリショーダナ・タントラ』は、死後に赴く悪趣から脱するための手引が記載されている。輪廻から免れ解脱に到達したい、また輪廻してもよい境遇に転生したいという人間の切なる願いに応じて、多種のマンダラが画かれ、諸種の密教儀礼が構成されている。古代インド人の冥界観の片鱗を伺うこともできて面白い。

インド後期密教においては、成就者《じょうじゅしゃ》（シッダ）と呼ばれる霊験を現す行者が幾人もいた。かれらは瞑想を通じて現前に特定の尊格を降臨させ、幾多の奇跡を現出した。その際の瞑想法やそこに現れた尊格の像容などは、師匠から弟子へと秘密裏に伝承されたが、ときに文字化されることもあった。このような行法書を成就法（サーダナ）という。

これらの成就法を通じて、われわれは仏・菩薩・明王・天部の諸尊などの観想法や灌頂《かんじょう》を初めとする密教儀礼の詳細を知ることができる。それのみならず成就法は密教図像学にとって欠かすことのできない宝庫でもある。これらの成就法を後に集成したものを『サーダナマーラー』と呼び、サンスクリット語で出版もされ、密教諸尊の像容を知るために欠かすことのできない材料を提供している。

そのほか、一一世紀末から一二世紀初頭にかけて活躍したアバヤーカラグプタには、大部のマンダラ儀軌《ぎき》『ヴァジュラーヴァリー』、マンダラ観想の手引書『ニシュパンナヨーガーヴァリー』、護摩《ごま》法に関する儀軌『ジュヨーティルマンジャリー』の三部作がある。

『サーダナマーラー』も、アバヤーカラグプタの三部作も、ともに無上瑜伽部関係だけではなく、所作・行・瑜伽それぞれの成就法をも含み、インド密教全般にわたる行法の実体を知るためにも貴重な資料を提供している。

1 『真実摂経』

後期密教の源流

川﨑一洋

一 金剛乗の教え

インドの後期密教は、ときには「金剛乗《こんごうじょう》（ヴァジュラヤーナ）」の名をもって呼ばれる。「小乗」と「大乗」とは違った「金剛乗」の教えとは、いったいどのようなものなのか。

かのオウム真理教が、みずからの教義を金剛乗であると標榜していたことは記憶に新しい。そのため金剛乗という語に、おどろおどろしいイメージを抱く読者も少なくなかろう。一方、地域や時代を限定せず、密教全般に対して金剛乗の名称を用いている欧米の学者も少なくない。しかし、金剛乗とは、非社会的な儀礼を行うインドの秘教・邪教の総称でもなければ、単なる「密教」の同義語でもない。金剛乗とは、ここに紹介する『真実摂経《しんじつしょうきょう》』の影響下に展開した密教を限定して指す用語である。インド後期密教の聖典のほとんどすべてが、この『真実摂経』の思想を基盤として成立している。

中期密教を代表する経典『真実摂経』は、七世紀の後半、南インドでできあがったとされている。本経の正式名称は『一切如来真実摂と名づける大乗経』(Sarvatathāgatatattvasaṃgraha nāma mahāyānasūtra) で、大乗経典を名乗ってはいるが、その内容は、もっぱら瑜伽観法《ゆがかんぼう》や曼荼羅に関連した儀軌《ぎき》を説き、タントラとしての体裁を備えている。そのためインドやチベットでは、『真実摂タントラ』と呼ばれることもある。そして『真実摂経』は、みずからが一般の大乗より勝れた金剛乗の教えであることを、次のように表明している。

よく説かれたこの経典は、無上の金剛乗であり、一切如来の秘密であり、大乗を集約したものである。

この記述は、密教経典の中で「金剛乗」の語を使用した初めての例とされる。ただし、『真実摂経』の中に金剛乗の語を説明した記述はなく、中期・後期密教の他の聖典にも、はっきりと金剛乗を定義したものはない。しかし「金剛」の語が、『真実摂経』のキーワードであることは明らかである。

金剛乗の「金剛」とは、本来、インドラ神が携える杵状の武器で、岩をも砕く雷《いかずち》であるとも考えられていた。鉱物の中で最も硬いダイヤモンドも「金剛石」と呼ばれる。『真実摂経』は、この堅固な武器「金剛杵《こんごうしょ》」を、壊れることのない仏の絶対的な智慧の象徴とした。そして金剛杵を心中に観想し、その金剛杵を媒体として法身大毘盧遮那如来《ほっしんだいびるしゃなにょらい》との合一を図る、ヨーガ（瑜伽）による新たな成仏法を説いている。

また、金剛杵によって象徴される仏の智慧は、「金剛尊」たちによって構成される「金剛界」という曼荼羅によって、可視的に開示される。

『真実摂経』には、「金剛薩埵《こんごうさった》（＝金剛の衆生）」と呼ばれる尊格も登場する。金剛薩埵は、形をもたぬ智身《ちしん》大毘盧遮那如来が、菩薩の姿をとって現れ出た存在であり、衆生救済のために真理の世界と現実の世界を往来し、曼荼羅をこの世界に来現させるという、重要な役目を担う。なお、金剛薩埵は後期密教において、あらゆる仏たちを生み出す本初仏《ほんしょぶつ》の地位を得て、仏教のパンテオンの頂点に君臨することとなる。

さらに『真実摂経』の「降三世品《ごうざんぜぼん》」と呼ばれる箇所では、金剛薩埵が恐ろしい降三世明王の姿に変身し、仏の教えに従わないヒンドゥー神たちを、金剛杵をチラつかせながら威嚇し、降《ごう》伏《ぶく》させる物語が語られる。このように金剛杵は、怒りに満ちた仏の勇猛さをも象徴する。

これらのトピックは、金剛杵がまさに『真実摂経』のトレードマークであることを証明するだけではなく、いずれも後の後期密教の思想の展開にはなくてはならない素材ばかりである。このような『真実摂経』の「金剛にまつわる」思想や教義を承けて、数々の後期密教聖典が生み出された。そしてそれらの聖典たちは、『真実摂経』を象徴する金剛杵の絶対性を旗印に掲げ、『真実摂経』の血を引く一族として、金剛乗を名乗ったのである。

仏教とヒンドゥー教が盛んに交渉をもった後期密教の時代には、「金剛」は仏教そのものを象徴する言葉となる。金剛《ヴァジュラ》バイラヴァ、金剛《ヴァジュラ》ヴァーラーヒーのように、ヒンドゥー神の名に「金剛」の語を付して仏教の尊格とする例も少なくない。また、金剛杵は空性《くうしょう》の象徴とも考えられた。

『真実摂経』は、みずからを大乗経典であると謳いながら、それまで言葉では説明できないと考えられていた仏の智慧を、金剛杵というシンボルで表現するという画期的な思想を発明した。そして、そのシンボルと一体となるヨーガの技法を説くことによって即身成仏《そくしんじょうぶつ》を可能にし、後期密教における実践体系の基礎を築いた。それはまさに、大乗から金剛乗という新たな地平を開いた、記念碑的な経典であったといえよう。

1　智拳印を結ぶ金剛界大日（大毘盧遮那）如来
インド／ウダヤギリ遺跡

二　『金剛頂経』としての『真実摂経』

わが国の真言密教では、『真実摂経』はむしろ『金剛頂経《こんごうちょうきょう》』の名で人口に膾炙《かいしゃ》し、『大日経』とともに「両部の大経」として重要視されている。

真言教学の伝統説によれば、『金剛頂経』とは、一八の異なった説法の座で説かれた一八の経典ないし瑜伽から構成され、全体が一〇万詩頌《しじゅ》の分量をもつ厖大な経典群であるとされる。『真実摂経』はその中で巻頭の初会《しょえ》に相当し、最も充実した内容をもつため、経典群全体を代表して、単独で『金剛頂経』と呼ばれることが多い。また、経典群全体を「広本《こうほん》の金剛頂経」、『真実摂経』を「初会の金剛頂経」と呼んで区別する場合もある。

「広本の金剛頂経」として括られる一八の聖典は、実際にそのすべてが現存するわけではない。われわれは、不空《ふくう》（七〇五―七七四）が残したその概説書『十八会指帰《じゅうはってしいき》』（大正蔵八六九番）によって、その全体像の概要を垣間見ることができる。

以下は、『十八会指帰』が記す十八部の経名と説処（説かれた場所）である。

会	経名	説処	対応する現存の聖典（研究継続中を含む）
初会	一切如来真実摂教王	（記載なし）	『真実摂経』
第二会	一切如来秘密王瑜伽	色究竟天	『金剛頂タントラ』
第三会	一切教集瑜伽	法界宮殿	
第四会	降三世金剛瑜伽	須弥盧頂	『降三世大儀軌王』
第五会	世間出世間金剛瑜伽	波羅奈国空界中	『悪趣清浄タントラ』
第六会	大安楽不空三昧耶真実瑜伽	他化自在天宮	
第七会	普賢瑜伽	普賢菩薩宮殿	『理趣広経』
第八会	勝初瑜伽	普賢宮殿	
第九会	一切仏集会拏吉尼戒網瑜伽	真言宮殿	『一切仏集会タントラ』
第十会	大三昧耶瑜伽	法界宮殿	
第十一会	大乗現証瑜伽	阿迦尼吒天	
第十二会	三昧耶最勝瑜伽	空界菩提場	
第十三会	大三昧耶真実瑜伽	金剛界曼荼羅道場	『秘密三昧大教王経』
第十四会	如来三昧耶真実瑜伽	（記載なし）	
第十五会	秘密集会瑜伽	秘密処	『秘密集会タントラ』
第十六会	無二平等瑜伽	法界宮	『無二平等最上瑜伽大教王経』
第十七会	如虚空瑜伽	実際宮殿	
第十八会	金剛宝冠瑜伽	第四静慮天	

なお不空は、初会の「一切如来真実摂教王」の概説に約半数もの紙幅を割いている。その記述には、『真実摂経』の四大品《しだいぼん》に関する詳しい説明が含まれており、不空の時代、すでに『真実摂経』が完本に近い形で存在していたと推定することができる。

しかし、第二会以下の一七の瑜伽の内容に関しての説明は、はなはだ簡略である。そして、それらの短い記述を手がかりに、現存するサンスクリット、チベット語訳、漢訳の経軌《きょうき》の中に各々のテキストを探索する試みが続けられてきた。しかし、『十八会指帰』の文面のみをもって、当時すでに第二会以下のテキストが完全な形で存在した、と断定するには、いささか無理があるように思われる。

ただ、不空の時代、インドにおいてそれらのテキストの源泉となる思想が芽生えていたことは事実である。その中には、『悪趣清浄《あくしゅしょうじょう》タントラ』や『理趣広経《りしゅこうきょう》』や『降三世大儀軌王《ごうざんぜだいぎきおう》』などのチベットで瑜伽タントラと呼ばれる中期密教聖典ばかりでなく、『一切仏集会《いっさいぶつしゅうえ》タントラ』や『秘密集会《ひみつしゅうえ》タントラ』といった無上瑜伽タントラすなわち後期密教の聖典も含まれている。

ちなみにインド・チベットでは、十八会の第二会と第三会に相当するとされる『金剛頂《こんごうちょう》タントラ』は『真実摂経』の四大品全体を、第四会に相当するとされる『降三世大儀軌』は『真実摂経』の「降三世品」を解説した「釈タントラ」であるとされている。

『十八会指帰』は、「初会の金剛頂経」すなわち『真実摂経』を根本として、その影響下にさ

2　金剛杵を掌にのせて持つ金剛薩埵
インド／カルカッタ博物館蔵

まざまな密教聖典が生み出され、それが後期密教へと展開する過渡期の一瞬を記録し、書きとめた、貴重な文献といえよう。

三　テキストと諸資料

『真実摂経』のサンスクリット写本は、一九三二年、イタリアのG・トゥッチによってネパールで発見された。トゥッチは写本の全体を書写し、それを自国に持ち帰った。またイギリスのD・L・スネルグローヴは一九五六年にネパールを訪れ、同じ写本を写真撮影し、マイクロフィルムに収めている。なお、両氏が披見した貴重な貝葉《ばいよう》写本は現在、ネパール国立古文書館に保管されている。

またスネルグローヴのマイクロフィルムを用いたその影印版が、二度にわたり出版されている（酒井真典『梵文初会の金剛頂経S本』、高野山遍照光院歴世全書刊行会、一九七九年および、D. L. Snellgrove, *SARVA-TATHĀGATA-TATTVASAṂGRAHA*, Śatapiṭaka 269, New Delhi, 1981）。

堀内寛仁は、トゥッチの転写版とスネルグローヴのマイクロフィルム版を校合し、さらに『真実摂経』のチベット語訳、漢訳、注釈書をも参照した精緻なサンスクリット校訂テキストを公刊した（堀内寛仁『梵蔵漢対照　初会金剛頂経の研究　梵文校訂篇』（上）（下）、高野山大学密教文化研究所、（上）一九八三年、（下）一九七四年）。また別に、スネルグローヴのマイクロフィルム版のみを用いた山田校訂本も刊行されている（I. Yamada, *SARVA-TATHĀGATA-TATTVA-SAṄGRAHA NĀMA MAHĀ-YĀNASŪTRA*, Śatapiṭaka 262, New Delhi, 1981）。

堀内校訂本に従えば、『真実摂経』のサンスクリット本は、「根本タントラ」「続タントラ」「続々タントラ」から構成され、さらに「続々タントラ」の後には、経典全体のまとめにあたる「流通分《るづうぶん》」が付加されている。

「根本タントラ」の部分は、「金剛界品」「降三世品」「遍調伏品《へんちょうぶくぼん》」「一切義成就品《いっさいぎじょうじゅぼん》」のいわゆる四大品に分かれており、「金剛界品」に序分と「五相成身観《ごそうじょうじんかん》」と呼ばれる瑜伽観法の次第、「降三世品」に降三世明王によるヒンドゥー神降伏の物語が含まれる以外は、その大部分が曼荼羅とその儀礼の解説に費やされている。

「続タントラ」と「続々タントラ」はいずれも、短い成就法を繰り返して説いた、儀軌の集成である。

チベット語訳は、『一切如来の真実を摂《あつ》めたものと名づける大乗経』（東北四七九番）で、カシュミール出身のパンディタであるシュラッダーカラヴァルマンと、「大翻訳官」の通称で名高いリンチェンサンポによって、一一世紀のはじめに共訳された。その内容はサンスクリット本によく一致し、全体が九つの章に分けられている。

『真実摂経』の漢訳とされるものには、翻訳者の古い順に、

①金剛智訳『金剛頂瑜伽中略出念誦経《こんごうちょうゆがちゅうりゃくしゅつねんじゅきょう》』四巻（大正蔵八六六番）
②不空訳『金剛頂一切如来真実摂大乗現証大教王経《こんごうちょういっさいにょらいしんじつしょうだいじょうげんしょうだいきょうおうきょう》』三巻（大正蔵八六五番）
③施護《せご》訳『一切如来真実摂大乗現証三昧大教王経《いっさいにょらいしんじつしょうだいじょうげんしょうさんまいだいきょうおうきょう》』三〇巻（大正蔵八八二番）

の三種がある。

このうち、サンスクリット本に対応する完本は③施護訳の三〇巻本で、全体は二六章に分けられている。北宋の大中祥符《たいちゅうしょうふ》八年（一〇一五）に翻訳された。②不空訳三巻本は「金剛界品」冒頭の「金剛界大曼荼羅広大儀軌」に相当する部分訳で、唐の天宝《てんぽう》一二年（七五三）もしくはその翌年に訳出されたとされる。一方、①金剛智訳四巻本は、『真実摂経』の忠実な翻訳ではなく、『真実摂経』に基づく瑜伽観法や灌頂《かんじょう》を実修するためのマニュアルである。なおこの典籍には、六巻本の写本も存在する。

『真実摂経』に対するインド撰述の注釈書には以下の三書があり、「三大注釈書」と評されている。

①ブッダグヒヤ『タントラ義入《ぎにゅう》』（東北二五〇一番）
②シャーキャミトラ『コーサラ荘厳《しょうごん》』（東北二五〇三番）
③アーナンダガルバ『真実光作《しんじつこうさ》』（東北二五一〇番）

3　シヴァ神とその神妃を踏みつける降三世明王
インド／マハント邸蔵

①『タントラ義入』は、経典の内容の大意を述べた「達意釈」で、パドマヴァジュラによる復注『タントラ義入釈』（東北二五〇二番）もある。またその著者ブッダグヒヤは、『大日経』の注釈者としても知られている。②『コーサラ荘厳』と③『真実光作』は、経典の本文全体を一々の語句について注釈した「逐語釈」で、後者は特に大部である。いずれの著作にもサンスクリット原典は現存せず、チベット語訳のみが伝えられている。

その他、『チベット大蔵経』論疏部《ろんしょぶ》には、『真実摂経』に関する成就法や曼荼羅儀軌が複数収録されている。なかでもアーナンダガルバの『サルヴァヴァジュローダヤー』（東北二五一六番）は、断片ながらサンスクリット原典の写本が残されており、貴重である。

また、一一世紀末の学僧アバヤーカラグプタの著作『ヴァジュラーヴァリー』と『ニシュパンナヨーガーヴァリー』（本書第8章参照）には、金剛界大曼荼羅の描き方と、諸尊の観想の仕方が述べられており、チベットでは、アーナンダガルバの『真実光作』とともに、曼荼羅を描く際の権威ある参考文献とされている。

さらに、ネパール出身の密教僧とされるクルダッタが著した儀軌集成『クリヤーサングラハ』には、金剛界曼荼羅の儀軌が含まれており、カトマンドゥ盆地では、当文献に基づいた「金剛界念誦次第《ねんじゅしだい》」が作成されている。

不空訳『金剛頂蓮華部心念誦儀軌《こんごうちょうれんげぶしんねんじゅぎき》』（大正蔵八七三番）は、日本密教の金剛界法の基本となった。

四　釈尊の成道を追体験する

仏教の開祖である釈尊は、六年にもおよぶ苦行を捨て、瞑想によって悟りを開いたとされている。それでは釈尊は、いったいどのような瞑想を行い、真理に目覚めた者＝仏陀となったのであろうか。これは仏教徒にとっての最大のテーマであり、小乗、大乗を問わず、さまざまな思索が繰り返されてきた。この問題に、「金剛乗」の立場から斬新な解答を与えたのが、『真実摂経』であった。

以下に、「金剛界品」のはじめに見られる、仏伝をモチーフとしたドラマチックな物語を紹介しよう。

ここは菩提道場。サルヴァールタシッディ（一切義成就）という名の菩薩が悟りを求め、呼吸を停止し、精神を一点に集中する「アースパーナカ」といわれる修行に励んでいた。

そのとき、普段は宇宙に遍満していてその姿を見ることのできない一切如来たちが、集合し、一団となって菩薩のところへやってきた。そして受用身《じゅゆうじん》としての姿を現し、菩薩に語りかける。「お前は真実を知らないで、どうしてそんな苦行に勤しんでいるのか」「そんな方法では、悟りを開くことなどできはしない」と。

そこで菩薩は、アースパーナカの修行を中断し、「如来の方々よ、その真実とは何なのでしょうか」「どのように修行すればよいのでしょうか」と、質問する。するとと如来たちは、菩薩に「五相成身観」という瞑想法を教授する。そして、その瞑想を実践するやいなや、菩薩はついに悟りを得て、成仏するに至る。

この物語が、仏伝を意識していることは明らかであり、サルヴァールタシッディという名の菩薩は、悟りを得る以前の釈尊「シッダールタ」とオーバーラップしている。また、「アースパーナカ」とは、釈尊がウルヴィルヴァーの森で行った苦行の名称であるが、ここでは、菩提道場、すなわちブッダガヤにある菩提樹の下の金剛座でその苦行を行ったという設定になっている。つまり『真実摂経』は、釈尊は、法身大毘盧遮那如来の分身である一切如来によって授けられた、密教の瞑想法を実践することによって仏陀となった、と主張するのである。

それでは、釈尊が一切如来から授けられた五相成身観とは、いかなる瞑想法なのであろうか。その内容を概観しておこう。

五相成身観は、その名のごとく五つの段階からなる。

まず、第一の通達菩提心《つうだつぼだいしん》では、「オーン、私は心を洞察する」という真言を唱え、みずからの心を月輪《がちりん》であると観想する。しかしその月輪は、いまだおぼろげである。

第二の修菩提心《しゅうぼだいしん》では、「オーン、私は菩提心を発《お》こす」という真言を唱え、その月輪を明澄にし、自分の心が本来清浄であることを確認する。月輪は菩提心の象徴とされる。

次いで第三の成金剛心《じょうこんごうしん》では、「オーン、金剛よ、立ち上がれ」という真言とともに、明澄になった月輪の上に金剛杵を出現させる。この金剛杵こそ、仏の智慧の象徴に他ならない。

そして第四の証金剛身《しょうこんごうしん》では、「オーン、私は金剛を自性《じしょう》とする者である」という真言を唱えるや、宇宙に遍満する一切如来が金剛杵を媒介として行者の身体に入り込み、両者は一体となる。

第五の仏身円満《ぶっしんえんまん》では、「オーン、一切如来があるごとく、私もある」という真言を唱え、自身が法身大毘盧遮那如来と何ら変わらぬ存在であることを確信する。

このように、成仏へのプロセスとして説かれた「五相成身観」は、行者と絶対的真理が一体となるヨーガを説いた観法の次第である。『真実摂経』はこの瞑想法によって、長く苦しい修行を行わずして、ヨーガによって即座に成仏する、新たな成仏論を提起したといえる。

五　堅固なる仏の智慧の結晶

1　金剛界大曼荼羅の構造

『真実摂経』のシナリオによれば、五相成身観を修して如来となったサルヴァールタシッデイ菩薩＝釈尊は、菩提道場から須弥山《しゅみせん》の頂上にある金剛摩尼宝頂楼閣《こんごうまにほうちょうろうかく》に移動し、そこで、みずからが悟った仏の智慧を、三十七尊の仏・菩薩からなる曼荼羅として開示する。そのありさまを、衆生を悟りに導くために、金剛薩埵が目に見える図絵の曼荼羅として説いたものが金剛界大曼荼羅であるとされる。

それでは、金剛界大曼荼羅の構造を、須弥山頂における曼荼羅出生の過程とともに探ってみよう。

曼荼羅の中央には、五相成身観によって法身大毘盧遮那如来と同体となった釈尊、すなわち報身《ほうじん》の毘盧遮那如来が位置する。毘盧遮那如来の四方には、一切如来が姿を変えた阿閦《あしゅく》・宝生《ほうしょう》・阿弥陀《あみだ》（世自在王《せじざいおう》）・不空成就《ふくうじょうじゅ》の四如来が坐す。これら五尊の如来は五部の部族主として、五智とそのはらたきを分担する。以下に、五如来の特徴を注釈書なども参照してまとめておこう。なお曼荼羅を構成する諸尊は、五如来のいずれかの部族に属することになる。

尊名	方位	五智	部族	妙用	三昧耶形
毘盧遮那	中央	法界体性智《ほうかいたいしょうち》	如来部		仏塔
阿閦	東	大円鏡智《だいえんきょうち》	金剛部	菩提心	金剛杵
宝生	南	平等性智《びょうどうしょうち》	宝部（摩尼《まに》部）	布施波羅蜜《ふせはらみつ》	宝珠

阿弥陀	西	妙観察智《みょうかんざっち》	蓮華部（法部）	般若《はんにゃ》波羅蜜	蓮華
不空成就	北	成所作智《じょうそさち》	羯磨《かつま》部	精進《しょうじん》波羅蜜	羯磨金剛

次に、四如来の四方には、四親近《ししんごん》と呼ばれる四尊ずつの菩薩が侍っている。菩薩たちは都合十六尊からなるので、十六大菩薩ともいわれ、毘盧遮那如来の胸から生み出される。いわば四如来の補佐役で、大乗仏教の時代から信仰されていた菩薩たちが、金剛名《こんごうみょう》を与えられ、密教の尊格として、四部の組織の下に再編成されている。

中尊の側の四方には、四部の仏母である四金剛女《しこんごうにょ》（四波羅蜜《しはらみつ》）が位置する。これら四女尊は中尊と同じ如来部に属し、天女の姿をとる場合と、三昧耶形《さんまやぎょう》（シンボル）によって表現される場合がある。

曼荼羅の内院と外院の四隅には、八尊の供養天女が配置される。嬉《き》・鬘《まん》・歌《か》・舞《ぶ》の内《ない》の四供養女は中尊が四如来のために、香《こう》・華《け》・灯《とう》・塗《ず》の外《げ》の四供養女は四如来が中尊のために、相互供養によって生み出した女尊で、人々を喜ばせ、楽を与える智慧を自性とする。このように、妻妾としての女性尊を説くことも、『真実摂経』における新しい流れであり、この流れは後期密教に至って、明妃《みょうひ》と呼ばれる特定の男性尊に対応する配偶女尊を誕生させることにつながる。

曼荼羅の四門に位置する鉤《こう》・鏁《さく》・索《さ》・鈴《れい》の四摂《ししょう》は、曼荼羅の門衛であるだけではなく、人々を曼荼羅に引き入れ、悟りに導く智慧を自性としている。

実際の図絵曼荼羅では、これら三十七尊に、賢劫《げんごう》の千仏、もしくはその上首である賢劫の十六尊を加える場合もある。

『真実摂経』の本文にはさらに、阿闍梨《あじゃり》が弟子に曼荼羅を見せ、弟子を聖別する灌頂の儀礼に続き、これら三十七尊各々の印を結び（羯磨印《かつまいん》）、真言を唱え（法印《ほういん》）、その誓願を心に思い（三昧耶印《さんまやいん》）、その一尊一尊と順に入我我入《にゅうがかにゅう》する（大印《だいいん》）ことによって、中央の毘盧遮那如来の完全無欠な智慧を獲得する、「四印《しいん》」の行法が説かれている。

金剛界大曼荼羅は、仏の智慧の具現であると同時に、厖大な密教のパンテオンの集約でもある。『真実摂経』は、人間の願いに応じて生み出されたあまたの諸尊を、五部の組織の下に、シンメトリカルな曼荼羅にまとめあげた。そして、『真実摂経』において打ち立てられた五部の理論は、その後に成立した中期密教の聖典のみならず、後期密教の聖典にも脈々と受け継がれてゆく。

金剛界大曼荼羅。それは、最も安定した構造をもつ、堅固な仏の智慧の結晶と呼ぶにふさわしい。

2　二八種の曼荼羅

金剛界大曼荼羅によって示された仏の智慧の結晶は、決して扁平ではなく、むしろ立体的である。それは見る角度によって、異なった色彩を放つ。『真実摂経』の四大品には、金剛界大曼荼羅を基本に、仏の智慧にさまざまな角度から光を当てた、合計二八種の曼荼羅が述べられている。

まず「金剛界品」には、金剛界大曼荼羅に加え、三昧耶、法、羯磨、四印、一印《いちいん》の五種、合計六種の曼荼羅が説かれている。

『大日経』以来の中期密教では、法身大毘盧遮那如来は時空を超えて宇宙に遍満しており、あらゆる現象は、大毘盧遮那如来の身体（身密《しんみつ》）・言語（口密《くみつ》）・精神（意密《いみつ》）の現れであると考える。六種の曼荼羅のうち、大、三昧耶、法の三曼荼羅は、これら三密に焦点を当てた曼荼羅であるといえる。

身密に対応し、三十七尊を尊形《そんぎょう》で描いた金剛界大曼荼羅を標準として、口密に対応する三昧耶曼荼羅では、三十七尊がみな呪文の一種である陀羅尼《だらに》と化す。なお、サンスクリットのダーラニー（陀羅尼）は女性名詞であるため、諸尊はすべて女性となるが、実際の図絵曼荼羅ではそれを秘して、三十七尊を各自の三昧耶形によって描く。

意密に対応する法曼荼羅では、三十七尊がみな禅定に入った姿で表現され、諸尊の胸には、禅定によって思念された微細な智慧が、各自の標幟《ひょうじ》によって描かれる。

さらに、四番目の羯磨曼荼羅は、大毘盧遮那如来の三密の作用に焦点を当てた曼荼羅で、その活動の力は、他人のために心を尽くす「供養」の行動に置き換えられ、五如来を除く三十二尊が、すべて供養天女の姿に描かれる。

以上の四種の曼荼羅に対して、四印、一印の二種の曼荼羅は、いずれも大曼荼羅の省略形で、複雑な曼荼羅を理解するのが困難で、簡略なものを好む衆生のために説かれた曼荼羅であるとされる。通常、四印曼荼羅は五尊、一印曼荼羅は一尊のみによって構成される。

これら六種曼荼羅の形式は、他の三品にもそれぞれ応用されるため、六×四＝都合二四種の曼荼羅となる。ただし、「降三世品」「遍調伏品」「一切義成就品」では、「金剛界品」の六種の曼荼羅を構成した諸尊が、衆生救済の目的に応じて各々異なった尊格に変化する。

「降三世品」では、如来部に対応する「金剛界品」で説かれた曼荼羅の仏・菩薩たちが、金剛部の諸尊として描かれ、降三世明王をはじめとする忿怒の姿となる。教えに従わない難化《なんげ》の者を怒りによって悟りに向かわせる、仏の勇猛さを表現したものである。

「遍調伏品」は、般若波羅蜜の妙用《みょうゆう》、すなわちあらゆる存在が本来清浄であることを蓮華部（法部）の曼荼羅によって説き示した品で、阿弥陀如来の四親近の筆頭である金剛法（観音菩薩）がその主人公となり、曼荼羅はさまざまな変化観音や、その眷属尊によって構成される。曼荼羅自体も蓮華の形に描かれることになっている。

4　ローモンタン弥勒堂（ネパール領ムスタン）の第二層の壁画に描かれた『真実摂経』「金剛界品」所説の羯磨曼荼羅。弥勒堂の第二層には、瑜伽タントラの階梯に属する54種の曼荼羅が描かれている

宝部（摩尼部）と関係し、布施波羅蜜の妙用を説く「一切義成就品」では、灌頂がテーマとなり、宝生如来の四親近の筆頭である金剛宝（虚空蔵菩薩）をはじめとする財宝や富に関する諸尊が曼荼羅を構成する。密教では、仏としての自身を自覚させる灌頂の授与は、最高の布施行であると考えられている。

ちなみに『真実摂経』の四大品のテーマは順に、『理趣経《りしゅきょう》』の最も原初的な類本とされる『大般若経《だいはんにゃぎょう》』「理趣分《りしゅぶん》」の第二段から第五段までの内容に対応しており、両者の序分がパラレルであることからも、『真実摂経』が「理趣分」を源泉として成立したことが予想される。

以上二四種の曼荼羅に、「降三世品」に説かれる大、三昧耶、法、羯磨の四種の「教勅《きょうちょく》の曼荼羅」を加えれば二八種となる。教勅の曼荼羅は「三世輪《さんぜりん》曼荼羅」とも呼ばれ、降三世明王によって降伏されたヒンドゥー神たちによって構成される。

2 『秘密集会タントラ』

欲を生かし育てる

松長有慶

一 欲をもちながら悟りに向かう

人間の抱く生々しい欲望、それを充足して、なお悟りを手に入れる、そんな馬鹿なことがと、多くの人は一笑に付してしまう。ところがそういう荒唐無稽と思われることが、現実にありうると宣言し、そのノウハウを披瀝する仏教聖典が現れた。それが『秘密集会《ひみつしゅうえ》タントラ』である。

仏教の開祖である釈尊は、人間が生得的にもつ欲望を渇愛《かつあい》と称し、それを苦の原因とみた。だから欲望を滅して、正しい道を修行することによって、心の安らぎ、すなわち涅槃《ねはん》があると教えた。

ところが釈尊滅後、一二〇〇年あまり経過した八世紀のインドでは、開祖の教えとはまったく逆に、欲望の充足こそが解脱《げだつ》への速道だと示す仏教タントラが現れた。いったいそれはどうしたわけなのか。

もともと欲望は、人間が生存するためには不可欠の要件であるといってよい。それを否認し、涅槃に至ることは、道心堅固な比丘や比丘尼にとっては可能であったかもしれない。しかし時代の経過とともに、仏教教団が拡大し、在家信者をその中に含めて、大乗仏教が形成されるようになると、欲望を完全に否定し去ることは、もとより不可能というほかはない。

初期の大乗仏教の代表的な経典である『般若経』や『法華経』などには、経典を読誦《どくじゅ》し、書写し、聴聞するなどの功徳、つまり現世利益が繰り返し説かれている。比丘や比丘尼の戒律を規定する『律典』にも、富貴や名誉など世俗の欲望の充足に言及する箇所がいくつか見出される。

このように人間の欲望が生存にとって完全に否認し得ないものであるならば、欲望の排除に無駄なエネルギーを費やすよりも、それがもつ生命力を積極的に活用することによって、悟りをめざすように方向転換を図ったほうが賢明ではないか。こういった観点から、代表的な大乗経典の一つである『維摩経《ゆいまきょう》』は、教条主義的に欲望の否認にこだわる出家修行者を嘲笑し、欲望を生かしつつ涅槃を求める方向性を示そうとしている。

また空の思想を説く『般若経』においても、玄奘《げんじょう》訳の『大般若経』六〇〇巻のうち、後期に編纂された第五七八巻に相当する「般若理趣分《はんにゃりしゅぶん》」では、人間の欲望を積極的に肯定する思想が表明されている。この欲望肯定の姿勢が、不空訳の『般若理趣経』などに継承され、ここでは一切の人間的な欲望が是認され、性欲もまた清浄な菩薩の位であると大胆に宣言されるに至った。

大乗仏教の欲望是認の思想の流れを受けて、『秘密集会タントラ』では、貪《とん》・瞋《じん》・痴《ち》によって代表される煩悩、つまり人間の生得的な欲望を積極的に評価する思想がより鮮明になる。それだけではなく欲望がもつ人間の生に基づく根源的なエネルギーを、逆に日常生活や実践の中で積極的に活用する方法が、具体的に提示されることとなった。

大乗仏教経典の中に、本来仏教教団の中に起源を求めることのできない、呪法とか印契《いんげい》、結《けっ》界法《かいほう》などが現れるのは四世紀頃である。それらが六世紀末にかけて、密教の儀礼として次第に整備されていく。

五世紀末には、呪句に印契が組み合わされ、密教修法の骨格となる部分が形成される。それとともに悪鬼を駆逐し、人間に襲いかかる障碍《しょうげ》を除去する具体的な呪法も、仏教の修法として出現する。紀元前千数百年、『アタルヴァ・ヴェーダ』などに説かれていた呪詛《じゅそ》の法が、六世紀末には、インドの初期密教経典の中に生々しく再現されることとなった。

これら呪法の仏教化の背景には、ヒンドゥー社会の行者集団の中で日常的に行われていた攘災の儀礼を、仏教教団もまた受け入れざるを得ない社会的な趨勢がかもし出されていたと認めてよいであろう。

七世紀頃に成立した、インド中期密教経典の代表と目される『大日経』と『金剛頂経』は、初期のインド密教の中に摂取された呪法を、大乗仏教の思想によって、成仏の法に昇華させた点に特色が認められる。呪法の根底に流れるドロドロした人間的な欲望をも、大乗仏教の教理によって意味づけ、それらを悟りへの原動力として変質させる修法が、さまざまな形で説き明かされている。

『大日経』と『金剛頂経』は、こういった点でインド密教の歴史の上では画期的な意味をもつ経典であるが、その修法の体系、曼荼羅の構成、成立地、法流の継承者など、必ずしも同一ではない。なかでも『大日経』は、その中に成仏の法と、生々しい呪詛の法をいまだ混在させている。一方、『金剛頂経』経典群を代表する『真実摂経《しんじつしょうきょう》』では、仏教の教理に基づいたシステムの下に、ヒンドゥー的な呪法や膨大な数に上るパンテオンの諸仏諸菩薩や神々に対し、それぞれ意味と役割を付与し、思想化し、体系化することに成功している。

『秘密集会タントラ』は修法の系統としては、『大日経』の系統を引くが、瑜伽部《ゆがぶ》の『真実摂経』系のタントラとして整備され、その法統を継承する無上瑜伽部《むじょうゆがぶ》の聖典と位置づけられてきた。

『秘密集会タントラ』には、さまざまな要素が混在している。せっかく中期の密教経典において仏教的に意味づけられた原初的な呪法がまたしても顔を見せ、またドロドロした人間的な欲望がそのまま表出され、それに対し再び仏教的な会通《えつう》が試みられたりして面白い。その中で欲望のもつ根源的なエネルギーが賞賛され、あるいは仏教の戒律に対する大胆な挑戦が繰り広げられる。読者をとまどわせ、また考えさせる材料がその中にはぎっしり詰めこまれている。次にそれらの一端を紹介してみよう。

二　『秘密集会タントラ』とは

1　タントラの梵本と翻訳

『秘密集会タントラ』というタントラの名は人目を引きやすい。ときには社会から疎外されたアウトサイダーたちが秘密結社を組織して、その中で作られた極秘の文献というイメージがもたれるかもしれない。その本当の意味はどうなのだろうか。

『秘密集会タントラ』には、サンスクリットのテキスト、チベット訳、漢訳の三種が揃っている。サンスクリット語の写本は一〇数種類が現存するが、三種類の校定本が出版されている。すなわち、バッタチャリヤ（B.Bhattacharyya）本（G.O.S. No.53, Baroda, 1931）、バグチ（S.Bagchi）本（B.S.T.S.No.9, Darbhnga, 1965）、松長（Y.Matsunaga）本（*Tha Guhyasamāja Tantra*, A New Critical Edition, Osaka, 1978）である。以下は松長本を用いる。

サンスクリット本の題名は、各章によって若干の変化はあるが、「一切如来身語心の秘密中の極秘たる秘密集会という大秘密タントラ王」とあり、その核心部分の名をとり一般に『秘密《グヒャ》集会《サマージャ》タントラ』（Guhyasamāja-tantra）と略称される。

サンスクリット本は、通常一八のパタラ（章）に分かれている。パタラの漢訳は、このタントラでは、「分」という訳語が用いられている。

チベット語訳は一一世紀の初頭、シュラッダーカラヴァルマン（Śraddhākaravarma）とリンチェンサンポ（Rin chen bzaṅ po）の共訳が、『チベット大蔵経』に存在する。ただし第一分より第一七分までを、『秘密集会タントラ』（東北四四二番）として取り扱い、第一八分を「続タントラ」（uttara-tantra）（東北四四三番）として別立している。この「続タントラ」に対して、第一七分までを「根本タントラ」（mūla-tantra）の名で呼ぶこともある。

敦煌文書の中に、『秘密集会タントラ』の一〇世紀以前に翻訳された旧訳《くやく》が存在し、また「続タントラ」にも、旧訳の注釈書が存在するので、チベット訳はかなり古い時代から流通していたことがわかる。

タントラ聖典には、「根本タントラ」「続タントラ」のほかに「釈タントラ」(ākhyāna-tantra)が付随する場合が少なくない。「釈タントラ」とは、「根本タントラ」の注釈書ではなく、「根本タントラ」の観法と思想を補足した内容をもつが、聖典としての権威を有している。『秘密集会タントラ』にも、数種の「釈タントラ」が『チベット大蔵経』のカンギュル(聖典)部に収録されている。それらは「根本タントラ」より発展した観法と思想を含み、流派的な色彩を帯びたものが多い。

漢訳は一一世紀初頭の施護《せご》訳になる『一切如来金剛三業《さんごう》最上秘密大教王経』(大正蔵一八巻、八八五番)に対応し、全体で七巻、一八分よりなる。中国の社会状況を反映して、世俗倫理に背反する記述を故意に省略したり、改変したりした箇所が目立つ。またこの当時、タントラの師資の伝承が途絶えていたためか、誤った意味に翻訳された文章や述語も少なからず存在する。漢訳の「金剛三業最上秘密」は、サンスクリット語の「身語心の秘密中の極秘たる秘密集会」の訳語である。

『秘密集会タントラ』の第一八分の総括のところでは、「秘密集会」を次のように説明している。すなわち、「身語心の三種が秘密であり、一切仏が集合したのが集会である」と。

以上の点から見て、「秘密集会」とは、秘密結社の集会の意味ではない。それは行者の身語心の三業と仏の身語心の三密が、一体としての集合に至る行法を説くタントラと解してよいであろう。

このタントラの近代語訳には、和訳は松長有慶『秘密集会タントラ和訳』(法蔵館、二〇〇〇年)、ドイツ語訳は Peter Gäng, *Das Tantra der Verborgenen Vereinigung, Guhyasamāja-Tantra,* München, 1988 がある。各分のいずれかの部分訳も若干存在するが、それらの一々についてここで紹介するゆとりをもたない。それらについては、松長訳の補注を参照してほしい。

2 タントラのなりたち

チベット仏教において著名な学匠であるプトゥンは、『秘密集会タントラ』を『真実摂経』の「続タントラ」として位置づけているが、タントラ自体にそういった記載は見当たらない。しかし内容を検討してみると、『秘密集会タントラ』は『真実摂経』の思想の重要な部分を継承し、発展させていることは疑いない。観法における五部族の組織、マンダラの中核をなす五仏の構成(ただし中尊の交代はある)など両聖典は密接な関係を保っている。

ただ後述するように、その実践に関する部門においても、思想的にも『秘密集会タントラ』

の内容は『真実摂経』よりも発展した形態を示している。『真実摂経』の中核的な部分は、七世紀中頃にはできあがっていたとするのが現在の一般的な見解である。したがって、『秘密集会タントラ』はそれよりいくらか成立が遅れると見てよいだろう。

漢訳の資料を無視するインドや欧米の学者には、このタントラの成立を四ないし五世紀に遡及させる意見もあるが、インド密教の聖典の成立史からみて、それは早きに失する。

八世紀の中頃、不空によって漢訳された『十八会指帰《じゅうはってしいき》』には、一八種類の『金剛頂経』系の瑜伽法ないし経典の名が挙げられている。その中で最も記述の詳細なのは、初会《しょえ》（第一番目）に当たる『真実摂経』で、この時期にその基本形態はほぼ完成していたと見てよい。だがその中の第二会以下の説明は簡略で、その当時　第二会以下第十八会までの聖典が現存本のように完成していたかどうかはただちに断定しえない。

その第十五会に「秘密集会瑜伽」に関する簡単な記述が見出されるが、それは現形の『秘密集会タントラ』の第五分の一部に相当する。ただこれだけの記述をもって、現形のような完成形態を備えたタントラができあがっていたとは考えにくいが、その萌芽と見ることはできよう。

『秘密集会タントラ』の施護の漢訳の第一八分に相当する部分は、チベット訳（デルゲ版）では「根本タントラ」とは区別して、「続タントラ」の名をもつ独立の聖典として取り扱われる。その内容は、「根本タントラ」に説かれる問題を、五三に分けて、問答形式で総括する。この点において「続タントラ」は「根本タントラ」の成立後に編纂されたと見なしてよい。
また「根本タントラ」とされる第一分から第一七分までも、第一二分までの前半部分と、第一三分以下の後半部とでは、内容の上で大きな隔たりが認められる。さらにまた第一二分までの前半部も、瑜伽観法の種類、部族数、教主の名称などの点から、六ないし七種の系統に分かれる（これらの点についての詳細は、『松長有慶著作集』第五巻II参照）。

『秘密集会タントラ』は、現形としては一つの聖典名をもつタントラとして存在していても、内容からみて、必ずしも最初から統一した意図をもって編纂された聖典ではないことは明らかである。むしろ各地で実修されていた複数の秘密集会系の行者集団の伝承が、ある時期に、あるいはかなり長期間にわたって、一つにまとめられていって現在のような独立したタントラに編纂されたと考えてよいであろう。

八〇〇年頃に活躍したジュニャーナパーダの著作には、「秘密集会」という語が見出されるとともに、現形のタントラと共通する部分をいくつか見出される点などを考慮して『秘密集会タントラ』は八世紀の後半には、かなりの程度まで現在の形に近いタントラができあがっていたとみてよいであろう。

3 流派の形成

『秘密集会タントラ』に説かれている観法は全体として統一した形をもたない。このタントラが各地の行者集団において行われていた複数の実践法を集成してできあがったことは、ほぼ間違いのないところである。したがって、行者たちが『秘密集会タントラ』に則した体系的な観法を必要とするならば、あらためて何らかの構想をもって、それを再編し、組織化する必要が生じる。その結果、秘密集会系の流派は、後世いくつも結成されることとなった。

『秘密集会タントラ』を奉ずる流派には、主なものに五流あったとされるが、とくにその中でも屈指の法流に、ブッダシュリージュニャーナ、一名ジュニャーナパーダ（Jñānapāda）を祖とするジュニャーナパーダ流と、ナーガールジュナ、アーリヤデーヴァ、チャンドラキールティなど大乗仏教の中観《ちゅうがん》派《は》の巨匠の名をもつ人物によって継承された聖者流《しょうじゃりゅう》（ḥPhags ḥkhor）とがある。

ジュニャーナパーダは、ハリバドラとかリーラヴァジュラなどと同時代の人物との交流関係から、この流派の隆盛期は八世紀後半から九世紀の初めであったとみてよいであろう。一方、聖者流の興起はそれより遅れ、隆盛期は九世紀以降と考えられる。

これら二大流派の実践次第の詳細については、最後の章にあたる「六　成就法の展開」の説明に譲りたい。

三　主役はだれか

1　煩悩が仏になる

『秘密集会タントラ』の主題について論じるとすれば、身語心の三業がそのキーワードとなる。タントラ名の「一切如来の身語心の秘密」がそれを告げている。この人間の日常性の中での身体的な働き、言語的な働き、精神的な働きを、仏教では三業の名で一括する。

一方、仏教では人間の精神作用を分析して、むさぼり（貪《とん》）・いかり（瞋《じん》）・おろかさ（痴《ち》）の三種に分かつ。これら貪・瞋・痴は三毒煩悩ともいわれるように、人間の心の働きの中では、悟りへの道にとっては否定され、排除されるべき存在であった。

ところが密教では、貪・瞋・痴の三種の煩悩を積極的に評価し、かえってそれらを悟りへの原動力とみなす。密教の通例として、そのような常識と背反し、整合性を欠く思考方法に対して、論理的な解説ないし弁解を一切行わない。負の原理もまた仏の境地からすれば、絶対性の一部とみなされ、それぞれがすべて有効性を持つという立場を一貫させているからである。

常識的にはマイナスの価値も、視点を変えれば仏の悟りの境地に他ならないと説く『秘密集会タントラ』においては、貪・瞋・痴の三種の煩悩も、悟りへの原動力であるだけではない。

それらを仏の自内証《じないしょう》（悟りの境地）そのものとみて、三人の仏に配当する。第一分と第一一分の記述を総合すると、貪は語金剛といわれ、阿弥陀如来に、瞋は心金剛の名で、阿閦《あしゅく》如来に、痴は身金剛と呼ばれ、毘盧遮那《びるしゃな》如来に関係づけられる。

三毒煩悩も、人間の日常生活上の三種の働きである三業も、すべて毘盧遮那・阿閦・阿弥陀の三如来の悟りの内容そのものとみなされるわけである。煩悩は頭から否認される対象ではなく、仏の当体に他ならないという主題が、このタントラの中では、随所に象徴的に語られている。

2 主尊の交代

『秘密集会タントラ』は、ある一定の理念のもとに一貫して著作されたタントラではない。観法の体系、マンダラの構成、真言の種類、呪法に対する仏教的な意義付け、いずれの点を取ってみても、かならずしも統一態をなしてはいない。

『秘密集会タントラ』そのものを説く主体はなにか。『ヘーヴァジュラ・タントラ』の主尊の名はヘーヴァジュラ、『カーラチャクラ・タントラ』の主尊はカーラチャクラとも呼ばれる。ところが『秘密集会タントラ』自体には、主尊としてのグヒヤサマージャの名はない。

その主尊の名は七種類記されているが、そのうち最も中心となるのは、「一切如来身語心

（金剛）主」ないし「——金剛如来」である。一方、『真実摂経』には、教主の名として「一切身語心金剛如来」がある。『秘密集会タントラ』の主尊名はこれに近く、その影響を受けたものと思われる。

『真実摂経』の教主の名には、そのほか大毘盧遮那如来、毘盧遮那、あるいは金剛界如来もある。だがいずれにしても『真実摂経』の教主は毘盧遮那如来である。この主尊の四方（東南西北）を、阿閦・宝生《ほうしょう》（宝幢）・観自在（阿弥陀）・不空成就《ふくうじょうじゅ》の四仏が取り囲む。

『秘密集会タントラ』において、主尊は阿閦に変わる。『真実摂経』の教主であり、金剛界マンダラの中尊であった毘盧遮那は『秘密集会タントラ』においては、主尊の地位を阿閦にゆずり、自らは東方の四仏の一に引き下がる。

宇宙の真理の具現化として理論的にも整備された毘盧遮那如来は、その中心的な地位を、自己の思想の一部分のみを付与した四仏の一たる阿閦に奪われてしまった。忿怒尊《ふんぬそん》を代表する阿閦の優位性はそれ以後、無上瑜伽タントラの隆盛期とともに継続する。『真実摂経』の金剛界《こんごうかい》品《ぼん》第一の次に、忿怒尊の降三世《ごうざんぜ》が主尊となる降三世品第二が続くのも、このような傾向を先取りしたものであろうか。

ただ『秘密集会タントラ』の内容はかならずしも統一されていないので、その中に毘盧遮那如来が主尊としての地位を保っている箇所も、いくつか残している。その場合、『大日経』の

1 『秘密集会タントラ』の主尊阿閦金剛を中心に大きく描いたチベットのタンカ

仏部《ぶつぶ》・蓮華部・金剛部の三部の組織を継ぎ、それぞれが痴族・貪族・瞋族に配せられることもある。

一方、『真実摂経』はもともと仏・金剛・宝・蓮の四部の組織をもつ。『大日経』の三部に宝部を加えたものである。『真実摂経』の「釈タントラ」に当たる『金剛頂タントラ』あるいは金剛智訳の『略出念誦経《りゃくしゅつねんじゅぎょう》』などでは、それらに羯磨部《かつまぶ》を加えて五部組織とし、『金剛頂経』系の部族の数は五が定説となった。

『秘密集会タントラ』も『金剛頂経』系の五部の組織を受け入れた。そのため三部族のほかに、宝生如来を如意宝珠《にょいほうしゅ》族に、不空成就如来を三昧耶《さんまや》族にというように対応する二部族を加えた。とはいえこの二部族の名は、従来の貪・瞋・痴の三部族の名に比して、いかにも不自然の感を抱かせるのはやむをえないところであろうか。

3 大持金剛の誕生

『真実摂経』では、毘盧遮那如来が主尊として四仏を統括する。一方、『秘密集会タントラ』では、主尊が毘盧遮那から阿閦に交代することになった。『真実摂経』では、毘盧遮那が主尊であるから、「毘盧遮那」と「大毘盧遮那」との間に、仏身観の上でそれほどの差が認められない。

ところが『秘密集会タントラ』では、毘盧遮那が四仏の一に降格したため、四仏の統括の主体としての阿閦の名はそれほどの権威をまだもってはいない。その第一分にただ一回、その名を出すにとどまる。それに代わってこのタントラ全体では、前述のように「一切如来身語心如来」などの主尊の名が主流を占める。

それだけではなく第一分に現れる「大毘盧遮那」には、五仏を統括する地位が付与され、東方に位置する四仏の一としての「毘盧遮那」とは、使い分けられている。つまり毘盧遮那は受《じゅ》用身《ゆうじん》であるが、大毘盧遮那は五仏の主尊である法身《ほっしん》としての阿閦を指す。

『秘密集会タントラ』では、主尊が移動し、四仏を統括する中尊の性格が曖昧になった。そのため新たに五仏の上位に立つ第六仏が要請されることとなった。持金剛《じこんごう》の名をもった第六仏が、このタントラの第六分に初めて現れ、その後のいくつかの分にも顔を見せることとなる。『真実摂経』では毘盧遮那如来は四仏を統括する主体であり、それより四仏を流出する当体であるが、四仏は中尊の毘盧遮那の性格を四面に開いたものであって、毘盧遮那は四仏を創造する主体とは見なされてはいない。ところが『秘密集会タントラ』に説かれる第六仏としての持金剛は、能生《のうしょう》者（śraṣṭṛ）（第一二、第一三分）とか、造作《ぞうさ》者（kartṛ）と呼ばれ（第一三分）、明らかに創造主的な地位が付与されている。

第六仏を最も本源的な仏という意味で、本初仏《ほんしょぶつ》（ādibuddha）と呼ぶことがある。インド後期

2　第六仏あるいは本初仏と呼ばれる持金剛　チベット／ハンビッツ文化財団蔵

密教の影響を受けたチベット密教では、本初仏の塔を構築することがある。ネパールのカトマンドゥにあるスワヤンブー・ナートは本初仏の塔として有名である。

自然生《じねんしょう》（スワヤンブー）をもって仏の称号とすることは仏教では珍しくない。『真実摂経』『秘密集会タントラ』にも教主の性格表現の一として現れる。ただ本初仏の名は、これらタントラにはまだ見出しえない。

四　マンダラの構成

1　五仏、四明妃、四忿怒

『秘密集会タントラ』系のマンダラには、数種類の系統がある。代表的なものに、インドラブーティ流ともいわれる十三尊マンダラ、ジュニャーナパーダ流の十九尊マンダラ、聖者流の三十二尊マンダラがある。

十三尊マンダラは、『秘密集会タントラ』の第一分に説かれる。このタントラの前半部にあたる第一二分までの諸尊を一三尊に整理したものである。それらを表にすれば、次のようになる。

尊名	方位	面の色（三面の中央と両側）
五仏		
阿閦	中尊	黒白赤
毘盧遮那	東	白黒赤
宝幢《ほうどう》（後に宝生と同一視）	南	黄白黒
世自在《せじざい》（無量光、無量寿、阿弥陀）	西	赤白黒
不空成就	北	緑白黒
四明妃《みょうひ》（第一七分）（第一分）		（第一三分）
ローチャナー「眼母《げんも》」（瞋女＝ドヴェーシャラティ）	東南	黒白赤
マーマキー「摩摩枳《まき》」（痴女＝モーハラティ）	南西	黒赤白
パーンダラー「白衣母《びゃくえも》」（貪女＝ラーガラティ）	西北	赤白黒
ターラー「多羅《たら》」（金剛女＝ヴァジュララティ）	北東	黄黒白
四忿怒（四門衛）		
ヤマーンタカ	東門	
プラジュニャーンタカ	南門	
パドマーンタカ	西門	

ヴィグナーンタカ		北門

五仏の中、宝幢はのちに起源を異にする宝生に変わり、同一尊とみなされる。世自在は『真実摂経』の系統の名を引き継ぐが、『秘密集会タントラ』の第一分以外では、阿弥陀、無量光、無量寿などの名称のほうが多く用いられる。

四明妃の名は、第一分では二段目の名で出る。後によく用いられる名を、第一七分から取り、上段に掲げ、面色は、第一三分の記載に従った。

2 ジュニャーナパーダ流十九尊

ジュニャーナパーダ流の秘密集会マンダラは、阿閦に代わって文殊金剛（その名は第一二分と第一六分に現れる）が主尊となり、四仏、四明妃、六金剛女、四忿怒の一九尊によって構成される。いずれの尊も、父母（双身）仏。

尊名	配偶尊名	方位
五仏		
文殊金剛	マーマキー	中尊

阿閦	ローチャナー	東
宝幢	マーマキー	南
阿弥陀	パーンダラー	西
不空成就	ターラー	北
四明妃		
ローチャナー	阿閦	東南
マーマキー	宝幢	南西
パーンダラー	阿弥陀	西北
ターラー	不空成就	北東
六金剛女	（括弧内は象徴する六根）	
色金剛女	地蔵（眼）	東南
声金剛女	金剛手《こんごうしゅ》（耳）	南西
香金剛女	虚空蔵《こくうぞう》（鼻）	西北
味金剛女	観自在（舌）	北東
触金剛女	除蓋障《じょがいしょう》（身）	東門の北
法界金剛女	普賢（意）	東門の南

四忿怒

ヤマーンタカ　東
プラジュニャーンタカ　南
パドマーンタカ　西
ヴィグナーンタカ　北

そのほか十九尊マンダラには、「世自在マンダラ」がある。このマンダラは、ジュニャーナパーダ流の十九尊マンダラと比べて、主尊が文殊金剛から、世自在に、五仏の西方の阿弥陀が阿閦に代わる。アティーシャの創案と伝えられる（田中公明『曼荼羅イコノロジー』平河出版社）。

3　聖者流三十二尊

秘密集会三十二尊マンダラは、聖者流において構成された。聖者流の隆盛期は、タントラ自体の成立よりかなり遅れるので、『秘密集会タントラ』に説かれていない八大菩薩を付け加えている。その像容を詳しく記したナーガールジュナ著の『ピンディークリタ・サーダナ』（東北一七九六番）によって紹介する。

仏名	面色（正面、両面）	持物（右手、左手）	位置
五仏（いずれも三面六臂）			
1　阿閦	黒赤白	金剛・輪・蓮、鈴・宝珠・剣	中尊
2　毘盧遮那	白赤黒	輪・金剛・蓮、鈴・宝珠・剣	東
3　宝幢	黄黒白	宝珠・金剛・蓮、鈴・蓮・剣	南
4　阿弥陀	赤黒白	開敷蓮華《かいふれんげ》・金剛・輪、開敷蓮華・宝・剣	西
5　不空成就	緑黒白	剣・羯磨《かつま》・輪、鈴・蓮・宝珠	北

四明妃（いずれも三面六臂）		化仏《けぶつ》	持物は化仏と同	位置
1　ローチャナー	白赤黒	毘盧遮那		東南
2　マーマキー	黒赤白	阿閦		南西
3　パーンダラヴァーシニー	赤黒白	無量光		西北
4　ターラー	緑黒白	不空		北東

五金剛女（いずれも三面六臂）		化仏	持物	位置
1　色金剛女	白	毘盧遮那	両手で鏡、他は化仏と同	東南
2　声金剛女	黄	宝生	両手で琵琶、他は化仏と同	南西
3　香金剛女	赤	無量光	両手で螺貝、他は化仏と同	西北

4　味金剛女	緑	天鼓雷音《てんくらいおん》	両手で味器、他は化仏と同	北東
5　触金剛女	金剛薩埵《こんごうさった》と抱擁、面等は主尊と同。			中央

八大菩薩　第二重に配す　色、化仏、持物などは主尊と同

1　弥勒	2　地蔵	東
3　金剛手	4　虚空蔵	南
5　世自在	6　文殊瞿沙《もんじゅごうしゃ》	西
7　除蓋障《じょがいしょう》	8　普賢（普主）	北

十忿怒（いずれも三面六臂、三眼で展左《てんさ》の姿勢）　第二重

		化仏	持物	位置
1　ヤマーンタカ（焔鬘得迦《えんまんとっきゃ》）	黒赤白	毘盧遮那	杖・金剛・輪、弾指し索・鈴・斧	東
2　アパラージタ（プラジュニャーンタカ・無能勝《むのうしょう》）	白黒赤	宝生	金剛・杖・剣、索・鈴・斧	南
3　ハヤグリーヴァ（パドマーンタカ・馬頭）	赤黒白	無量光	蓮・剣・槌、鈴・斧・索	西
4　アムリタクンダリ（ヴィグナーンタカ・甘露軍荼利《かんろぐんだり》）				

青赤白　天鼓雷音　羯磨・輪・木槌、弾指し索・鈴・斧　北

5　アチャラ（不動）

黒赤白　毘盧遮那　剣・金剛・輪、弾指し索・斧・索　東南

6　タルクビラージャ（タッキラージャ・欲王）

黒赤白　宝生　金剛吽《うん》迦羅《から》印（両手）・金剛・剣、索・鉤　南西

7　ニーラダンダ（青杖）

青赤白　無量光　杖・剣・輪、弾指し索・蓮・斧　西北

8　マハーバラ（大力）

黒赤白　天鼓雷音　杖・剣・輪、弾指し索・斧・剣　北東

9　ウシュニーシャチャクリン（頂転輪）

黒赤白　阿閦　両手で頂髻を頭に・金剛・蓮、弾指し剣

10　スンバラージャ（孫婆《そんば》王・降三世）

黒赤白　阿閦　金剛・輪・宝、弾指し索・蓮・剣

十忿怒尊の中、最初の四尊は、タントラの第一分に、十忿怒はタントラの第一三分に現れるが、名前はかならずしも一定していない。

3　阿閦金剛を主尊とする秘密集会聖者流三十二尊マンダラ
チベット／ハンビッツ文化財団蔵

全体的にみれば、宝生と宝幢、不空成就と天鼓雷音などとの間に錯綜が残り、面の中心の色には、ブレがないが、左右の面色はサンスクリットとチベット訳との間に統一がとれていないなど、尊名、持物、面色はかならずしも一定しない。十忿怒は、『幻化網タントラ』の記載とも若干相違する。また『秘密集会タントラ』のマンダラと『ニシュパンナヨーガーヴァリー』記載の十九尊マンダラ、三十二尊マンダラとの間にも、いくらかの相違が認められる。

五　世俗倫理の無視、戒律への反逆

1　タントリズムの反社会性

仏教であれ、ヒンドゥー教であれ、タントリズムは近代的な倫理観に抵触する思想と儀礼を多く有しているために、かつては批判の目で見られることが少なくなかった。だが二〇世紀後半、その評価は変化した。アジアの古代宗教に対して、近代社会の価値観をそのまま投影する愚に気付き、特定の視点を避けて、それがもつ本来の意味を尋ねようとする方向で、タントラの研究が進められたからである。

『秘密集会タントラ』の最も原初的な形を残している第五分には、近代人の常識と真正面から対立する驚愕すべき記述が列挙されている。

まずこのタントラによって成就を得るに最もふさわしい者は、賤業に従事するアウトカーストの人たち、無間《むけん》地獄に堕すような大罪を犯した者たちであるという。それだけではない。殺人者、虚言者、盗人、愛欲に耽る者、糞尿を食する者こそが適格者だと宣言している。成就が約束される者として、アウトカーストの人とか、犯罪者をあえてあげるのは、社会常識に対する果敢な挑戦であり、殺人者などの五種類の無頼者を指示するのは、仏教の五戒に対する大胆な反逆を思わせる。

『秘密集会タントラ』の信奉者というのは、かならずしも比丘たちだけではなかった。社会規範とは無縁の放浪者、あるいは仏教の戒律に批判的な在野の行者集団が、その成立に深くかかわっていることを、十分予想させる記述といえるであろう。

成就の適格者について説いた世尊の言葉の意外性に驚いた菩薩たちからは、世尊がなぜこのような悪語を口にされたのかとの問いが続く。それに対して世尊は、それは仏の真意だと答える。その言葉にまた肝をつぶした菩薩たちはその場で卒倒してしまう。

そこで世尊は神通力をもって菩薩たちを覚醒させると、菩薩たちは歓喜に満たされて、真実義とそれを説いた仏を讃嘆して終わる。このような形式をとって、社会常識や仏教の戒律に反する在野の行者集団の思想と儀礼も仏教のものとして取り入れてしまうのである。

そのほか『秘密集会タントラ』には、五欲徳、五肉、五甘露など耳慣れない術語が現れる。

五欲徳とは、仏教が執着することを避ける色《しき》・声《しょう》・香《こう》・味《み》・触《そく》の五境を、逆に悟りへの手段として取り上げる。五肉とは、大・牛・犬・象・馬の肉で、そのうち大肉とは人肉と注釈されている。

五甘露とは、糞・尿・精液・経血・(油)などで、これらを食することが、成仏への道と指し示されている。このような常識をはるかに超える教説が、一般人の嫌悪感を誘い、顰蹙《ひんしゅく》を買う原因でもあった。

しかし通常の社会から孤立し、人間より大宇宙を相手に自らの神秘体験の深化を求めるタントラの行者たちは、通常社会の倫理や規範に束縛される必然性はない。さらに仏教教団に属さない在野の行者たちもまた、もともと仏教の戒律に制約されるいわれをもたないのである。『秘密集会タントラ』の「続タントラ」には、六支ヨーガが説かれる。インドのヨーガ学派で説く八支ヨーガに比して、禁制(yama)と勧制(niyama)を欠く。禁制は不殺生などの道徳的な基準であり、勧制は潔斎などの宗教的な行為の基準である。いずれもタントラの行者にとって必須の課題ではない。意図的に除外されたものであろう。

以下、近代人の常識から見て、タントリズムのもつ非社会的・非倫理的な側面についてさらに考察を進める。その際、この問題を「殺」と「淫」と「暗黒の呪法」の三点に絞って取り上げる。また、それらがタントリズムにおいて本来どのような意味をもつのかについても、考えてみよう。

2 性に対する寛容な姿勢

『秘密集会タントラ』は、世尊が一切如来の身語心の心髄である金剛明妃の女陰(vajrayoṣid-bhaga)において説くという、破天荒な宣言をもって始まる。それまでの密教の経典の説処は法界宮殿《ほうかいぐうでん》のいずれか、『理趣経』の場合でも、欲界の最上階の他化自在天《たけじざいてん》で説かれていた。ところがここでは、よりにもよって女陰が説法の場所に選ばれたのである。

このタントラには、瑜伽部の密教経典のように、修法にあたって印契《いんげい》(mudrā)の記載がない。それに代わって大印(mahāmudrā)という語が現れ(第九分)、それは女性のパートナーを意味する。また男女の二根交会《にこんこうえ》によって成仏にいたると説かれる(第七分)。さらに性交を、明妃の禁戒《こんかい》(vidyāvrata)と名づけ、とくにナギー(龍女)、ヤクシー(夜叉女)、アスリー、マヌシーなどの異界の女性との交わりを薦めている(第一六分)。

社会化され、教団の形をもついわゆる成立宗教にあって、性は自己の精神的な開放のためには障害となるために、否定されるべき対象であった。不淫の問題はキリスト教とか仏教といった成立宗教において、それぞれ戒律の基本条項に含まれている。また在家信者、一般大衆に対して、性は世俗の倫理・道徳の次元に近い段階において規制されてきた。

一方、インド後期密教には、近代社会におけるような性に対するタブー意識はない。この点に関しては、インド文化全般にかかわる問題でもある。たとえばカジュラホのヒンドゥー寺院の外壁に刻まれたあからさまな男女の合体像の数々を、燦々と照りつける太陽光線のもとで眺めても、陰湿な感じはまったくおこらない。乾質のエロスと名づけてもよい。

近代人の倫理観にとっては、異様にみえる後期密教の性に対する開放的な姿勢も、性に対する放縦によるものではない。それは古代インドにおける農耕儀礼に由来する。インドにかぎらず世界各地の農耕民にとって、生殖行為は多産、豊穣を意味する増殖儀礼でもあり、女性は生命の根源、大地を象徴する存在であった。もともと豊穣を期待した性行為は、インド古代の農民にとっては、日常生活に直結する族制の呪術であったが、次第にそれは宗教儀礼に転化した。古代人にとって性行為は、たんなる生理的なものではなく、聖なるものとの結合を意味する「聖礼（サクラメント）」でもあった（エリアーデ『聖と俗』）。

性に対する視点では、インド人と漢民族の間に決定的な相違がある。『秘密集会タントラ』の中の「性」に関する記述について、注釈書を紐解いてみても、取り立ててそれについてのコメントを付しているわけではない。インド人の注釈者にとって、性に関する事項は、とくに解説を要する問題ではないと見られているのである。

それに対して、『秘密集会タントラ』を漢訳した施護は、性に関する箇所を訳するに当たって、それを意識的に避けたり、無視したり、別の表現に代えてしまっている。たとえば、前述の聖典の説処ヨーシッドバガ（yosidbhaga）を、漢訳では「正智出生変化清浄境界」と訳し、第七分の「二根を合致させて、自己の精液を出すべし」（二七偈）を、「いわゆる二処平等ならば、妙蓮華自在なり」と意味不明の翻訳に代えてしまう。

インド人は、男女の性行為を古代の農民の豊穣儀礼から、宗教儀礼に転化させ、それに対してさらに哲学的な意味づけを行った。すなわち男性は小宇宙としての人間、女性は大宇宙、それぞれの象徴とみなされ、それらの一体化は、世俗と勝義《しょうぎ》（真理）の二諦《にたい》（対立原理）の融合を意味すると受け取られたのである。秘密集会の聖者流の究竟次第《くきょうしだい》に当たる『パンチャクラマ』の最終段階に、双入《そうにゅう》次第がある。双入（yuganaddha）とは一切の対立原理を二元のままに一元化する働きをいう。この中にはあらゆる二元の事象から哲学的な対立概念まで取り上げられ、究極的に大宇宙と小宇宙との本源的な同一性が宗教体験として論じられている。

3　殺の肯定論

インド後期密教の思想の中で、性とともに殺に対する容認の問題も、その特異性のために注目されるところである。『秘密集会タントラ』の中での殺生についての記述は、性格的にみて三つの傾向をもつ。その一は殺生を主題として取り上げ、その意味についての神学的な解釈を付与する場合、二は殺人という行為に対して仏教的に意味づける場合、三は殺生を現実の行為として実行する生々しい呪法が記される場合である。

『秘密集会タントラ』の第一七分までは内容的にも、成立史的にも、大別して、第一二分までの前半部と、第一三分以下の後半部に分かれる。主として第一の殺生論に関する論議と第二の仏教的な救済論は前半部に、第三の血のにおいのする殺の呪法は後半部に見出される。

第七分の第三三偈に、「如来の聚《じゅ》を殺すべし。よい悉地《しつじ》が得られるであろう」とある。この場合、「如来の聚を殺す」は、日本仏教でいわれるように、仏を殺し、自己本来の姿に返れ、という意味ではない。注釈書の『プラディーパ・ウドヨータナ』によれば、それは「毘盧遮那が象徴する色蘊《しきうん》等を破壊すべし」の意と解されている。つまり毘盧遮那を首とする金剛界の五仏は、色等の五蘊を象徴する。したがって如来の聚を殺すとは、五蘊は自性《じしょう》として実体なしと破壊すべし、という密意を表す象徴的な表現なのである。

また第九分の第六偈には、「秘密金剛によって、一切衆生を殺すべし。殺されたその者たちは、阿閦の仏国土において仏子となるであろう」という表現に出会う。生きとし生けるものすべてを殺せとは、はなはだ穏やかならざる言葉である。この箇所は呪殺《じゅさつ》（māraṇa）の典拠ともなる。

呪殺は相手を憎み、恨みによって呪い殺すことだと一般には理解されている。ところが密教において、相手を殺すのは、憎しみによってではない。相手に対する慈悲の心がその根底になければならぬという。自分の名誉欲とか金銭欲や、憎悪の感情によって人を殺すことは明らかに殺人罪を犯すことになる。

殺人をその動機からみて許容する立場は、『大日経』の「受方便学処品《じゅほうべんがくしょぼん》」第一八の不奪生《ふだつしょう》命戒《みょうかい》に、その萌芽が見出される。『大日経疏《だいにちきょうしょ》』巻一七の当該箇所の注釈では、方便としての殺生が許される例として、殺害によって多数の人々が救われるとき、殺害によってその殺された人に出離の因縁ができるときを挙げ、いずれの場合にも、大悲心がその根底にあるべきことを断わっている。

チベット密教でも、呪殺は常日頃、虫一匹殺したことのない戒律堅固な阿闍梨《あじゃり》のみに許される修法とされる。自己の権勢欲を満たし、教団の保持を目的とした、オウム真理教の無差別殺人とは、動機と目的が基本的に異なるのである。

大悲の心、他人の利益を願う心があれば、殺生をはじめ盗、淫、妄語等の不善も罪とはならないという条件つきの殺害肯定論は、もともと大乗仏教の戒律に存在する。玄奘訳の『瑜伽師《ゆがし》地論《じろん》』の「菩薩地」第一〇章、戒品に説かれる四十四違犯《いぼん》の第九条をはじめ、『優波離所《うぱりしょ》問経《もんぎょう》』『大乗集菩薩学論《だいじょうしゅうぼさつがくろん》』『入菩提行論《にゅうぼだいぎょうろん》』などにも説かれている（藤田光寛『仏教徒のあり方と戒律』高野山大学、二〇〇二年）。

後期密教のタントラや論によく見られる、行為に対する善悪の判断基準は、あくまでも心によるという主張は、とりわけ密教に特異な教説ではなく、通仏教的な思想であった。このような考え方は、のちに『ジュニャーナシッディ』に見られる安楽死肯定論に展開していく。

4 暗黒の呪法の仏教化

第三の殺の呪法は、『秘密集会タントラ』においては、第一三分以下の後半部に多く現れる。ただその中に治病法とか、解毒法とか、隠身法といった穏やかな呪法も含まれている。しかし呪殺法、硬直法、恫喝法、粉砕法のように、その名を聞くさえ恐ろしい呪法も少なくない。尸陀林《しだりん》（墓場）や斎場の灰や墨や骨粉などによって、敵対者の像を作り、毒草、棘、毒芥子などを用い、糞尿で汚れた着物を着け、怒りの心をもって修法に当たれば、敵対者はたちまちのうちに死にいたる、というようなおどろおどろしい呪法に関する記述が、いたるところに充満している（第一三分―第一五分）。

あるいは怨敵が羅刹《らせつ》などによって肉体を食い破られたり、武器によって征服されることを観想することによって、敵にその害が及び、死にいたらしめるという呪法も説かれている（第一三分）。

さらにまた直接、敵に橛《けつ》を打ちつけ殺害するのではなく、行者自身が瑜伽の観法を通じて橛と化し、それでもって敵を破滅させる法も披露されている（第一三分）。

『秘密集会タントラ』の後半部には、このようなもともと仏教には存在しない各種の呪法が数多く摂取され、体系化されずに無造作に並べたてられている。それらは在野の行者集団の中で執行されていたいかがわしい呪法が、そのまま仏教側に採用されたものとみてよいであろう。

古代インドの人々は、病気、災害、死などの不幸は、わが身に襲いかかる悪鬼、悪霊の所為と考え、これらの精霊を祭式によって慰撫し、あるいは強力な呪法によって退散させる方策を考え、実行してきた。

インド初期密教の経典は、悪霊の制圧、除去のためのさまざまな呪法が説かれているが、それほどおどろおどろしい暗黒の呪法はきわめて少ない。ところが初期密教に属するが、その最後期に成立した経典には、民間の行者集団の中に流布していたと思われる暗黒の呪法に類する修法がかなり目立つようになる。七世紀初期に菩提流志《ぼだいるし》によって漢訳された『一字仏頂輪王《いちじぶっちょうりんのう》経《きょう》』、善無畏《ぜんむい》訳『蘇悉地経《そしつじきょう》』、七世紀中頃に不空により漢訳された『一字奇特仏頂経《いちじきとくぶっちょうきょう》』『蕤呬耶《すきゃ》経《きょう》』『底哩三昧耶経《ていりさんまやきょう》』などには、人骨、髑髏、毒薬、黒芥子、荊、血をはじめとするいかがわしい素材を用いた呪詛法が、数多くその素顔をのぞかせている。

一方、インド中期密教経典になると、このような暗黒の呪法をも取り入れてはいるが、同時に空観による悪鬼の制圧という、般若経系統の大乗仏教の伝統的な手法によって、障碍の除去法を組み立てるにいたっている（『大日経』息障品《そくしょうほん》）。『真実摂経』では生々しい呪詛法は影を潜め、降三世品第二においてすら、暴悪者の調伏のために、大悲心に基づく救済を目的とする密教儀礼を構成するまでに、呪法を純化させている。

『秘密集会タントラ』においても、前述のようなおどろおどろしい呪法が少なからず復活してはくるが、それらを仏教的に意味づけようと試みる努力を払っていることは、一応認めてよいであろう。たとえば、怨敵の降伏法を阿閦如来の三摩地《さんまじ》とみなし、密教化しようとする（第一三分九三偈以下）。また敵対者の殺害を、痴の破壊と意味づけ（第一四分七一偈）、あるいは殺生という行為を、殺害された者を文殊の仏国土に送り、仏教徒として再生させるためだと仏教的な会通《えつう》を行う（第九分六偈）。

また五仏を五蘊の、さらに四明妃《しみょうひ》と持金剛《じこんごう》を五大の象徴と説き、一切の存在を空《くう》に帰せしめる。そのほか密教ではもともと夢は大宇宙の秘められた指示として重要視される現象であるが、第一五分では成就者の夢を、実体を伴わぬ空として無造作に処理してしまう。仏教的な会通の行きすぎた一例といえるかもしれない。

六　成就法の展開

1 ジュニャーナパーダ流

『秘密集会タントラ』を奉ずる二大流派の一派の祖にあたるジュニャーナパーダには、修法の書が十四部あったと伝えられる。チベット大蔵経に現存する『二次第真実修習《しゅじゅう》と名づける口伝《くでん》』略称『大口伝書』（東北一八五三番）、『口伝』略称『小口伝書』（東北一八五四番）、『普賢と名づける成就法』（東北一八五五番）、『四支成就法普賢母《ふげんも》』（東北一八五六番）、『ムクティティラカ』（東北一八五九番）などがその代表である。

ジュニャーナパーダ流の成就法はその数が多く、それらの中にはさまざまな要素が混在しているため、後述の聖者流の成就法のような一つの形をもたない。ここでは特徴的な点のみ紹介するにとどめる。

現象界の一切の事物は自性として清浄光明《しょうじょうこうみょう》（prakṛtiprabhāsvara）、本不生《ほんぶしょう》、清浄、不二の智であるが、分別によって世俗の顛倒《てんどう》した世界を展開する。この迷妄を打ち破るために、生起次第《しょうきしだい》が説かれる。そしてこの不二の智から現象界に展開する過程を生起次第として、性的な要素を導入したかたちを採り象徴的に示している（『大口伝書』）。

また仏教の伝統的な教説である十二因縁の各支をマンダラの生起と結びつけ、これによって輪廻転生のプロセスを聖化しようとする生起次第が説かれる（『小口伝書』）。

さらに不二の智を直接体験するために、究竟次第《くきょうしだい》が用意される。その次第において、男の精液は菩提心を意味し、男根は菩提心を生ずる金剛とみなされ、五鈷金剛杵《ごここんごうしょ》によって象徴される。一方、女根は法源《ほうげん》（dharmodaya）の名をもち、蓮華により象徴される。

瑜伽の観法において、男女二根の交合が取り上げられ、人間の身体を縦に貫通する三本の脈《みゃく》管《かん》、呼吸に関連する五種の風気などを制御することによって、究極の悟りに至る道程が組み立てられる。

またこれらの観法を通じて、無上瑜伽の特徴的な四種の灌頂《かんじょう》の儀礼が説かれる。四種灌頂とは、瓶《びょう》・秘密・般若智・第四の灌頂で、その名は、『秘密集会タントラ』の第一八分すなわち『続タントラ』に初めて現れ、後期密教の諸タントラに継承され、さらに展開する。このうち瓶灌頂は、インド中期密教の灌頂とそれほどの相違がない。ジュニャーナパーダ流の行者は、それを生起次第の過程において授けられる。しかし秘密灌頂以下の三灌頂は性的な儀礼がその中核をなし、究竟次第を修することの許された行者だけにしか授与されない。

さらに男女の性交とか呼吸法、脈管を貫流する風気などを利用する瑜伽観法の階梯を、四種の歓喜をもって表す儀礼には般若・母タントラの要素を多分に含む。ジュニャーナパーダ流の成就法の詳細については、羽田野伯猷「秘密集タントラにおけるジュニャーナパーダ流について」(『チベット・インド学集成』第三巻、法蔵館、一八八七年所収)、田中公明『性と死の密教』(春秋社、一九九七年)、桜井宗信『インド密教儀礼研究——後期インド密教の灌頂次第——』(法蔵館、一九九六年)参照。

2 聖者流

聖者流の成就法は、ジュニャーナパーダ流のそれに比べると捉えやすい。生起次第は『ピンディークリタ・サーダナ』(『略集成就法』)(東北一七九六番)、究竟次第は『パンチャクラマ』(『五次第』)(東北一八〇〇番)が相当する。サンスクリットのテキストも出版されている(L. de la vallée Poussin, Pañcakrama, Gand, 1896)。プーサン出版本は生起次第と究竟次第を合して『パンチャクラマ』の表題をつけている。また最近、『パンチャクラマ』のみチベット訳と索引、さらに原本の写真版を付した校訂本が出版された(Katumi Mimaki and Toru Tomabechi, *Pañcakrama, Sanskrit and Tibetan Texts Critically Edited with Verse Index and Facsimile Edition of the Sanskrit Manuscripts*, Kyouto, 1994)。

聖者流の生起次第に相当する『ピンディークリタ・サーダナ』は初瑜伽三摩地、マンダラ最勝王三摩地、羯磨《かつま》最勝王三摩地の三種の瑜伽からなる。

初瑜伽三摩地は択地《ちゃくじ》、結界から始まる。これらの所作は瑜伽タントラの作法と変わらない。ただ結界の橛《けつ》打ちに勝義《しょうぎ》として空性《くうしょう》の修習《しゅじゅう》が加わる点はナーガールジュナを始祖とする聖者流の特色とみることもできる。次に行者と本尊の一体化を修習する「勝解《しょうげ》」(adhimukti)の儀軌《ぎき》が続く。

行者が地輪、種子《しゅじ》ブルーム(bhrūṃ)の上に宝楼閣《ほうろうかく》を観じ、そこにマンダラ諸尊を展開させる。この種の作法を諸尊の生起といい、生起次第の骨格をなす。このように行者が観想として外部に展開した諸尊を、自己の身体輪との瑜伽を通じて、行者の内に取り込み融合させる。

聖者流のマンダラ三二尊はそれぞれ象徴的な意味をもつ。すなわち五仏―五蘊、四明妃―四界(地水火風)、五供養妃―五境、八菩薩―六根と脈管、筋、十忿怒―身体の各支分などである。これら諸尊の種子《しゅじ》をそれぞれ行者の身体各処に布置《ふち》して、大宇宙と小宇宙としての行者の一体化が観法の中で進められる。これらを通じて人間の死・中有・生を、仏の法身《ほっしん》・受用身《じゅゆうじん》・化身《けしん》にまで高め、有限なる人間の生の浄化を果たす。

第二マンダラ最勝王三摩地では、三二尊をそれぞれ観法を通じて生起する形をとり、その中で、各尊の像容、種子、身色、持物が詳しく説かれる。ここでは身マンダラのみで、語と心の両マンダラは説かれない。

第三羯磨最勝王三摩地は、第二段階において、三二尊を生起しおわった行者は、自身と本尊との一体化をより堅固にするために、さらに繰り返し修習する過程で微細《みさい》瑜伽をはじめとする諸儀軌が説かれる。次いで諸尊の事業を讃嘆し、帰依の念を表明し、補足説明を若干加えて終わる。

『ピンディークリタ・サーダナ』は『秘密集会タントラ』からの引用が多いが、行法としては複数の『秘密集会釈タントラ』に依存して構成されている。聖者流は成立が遅く、根本タントラのみに典拠を求めえなかったためである。ただ、ジュニャーナパーダ流に比して母タントラ的な傾向が希薄である点は、父タントラの伝統に留意したものであろう。

『ピンディークリタ・サーダナ』について詳しい研究がある（羽田野伯猷「Tantric Buddhism における人間存在」『チベット・インド学集成』第三巻所収）。

聖者流の究竟次第に相当する『パンチャクラマ』は、①金剛念誦《ねんじゅ》、②一切清浄、③自加持《じかじ》、④楽現覚、⑤双入の各次第で構成される。このうち金剛念誦次第を二分して、六次第に数える見解もある。第二次第を除く四次第はナーガールジュナの作とされる。

①金剛念誦次第には、風《ふう》の真実と、真言の真実が説かれる。風とは人間の呼吸で、主たる風は五種、副の風も五種あり、識の乗り物という。この五風は五大、五智、五仏の自性で、鼻端に塊の形として呼吸とともに観想することが風の真実である。一方　真言の真実とは、オーン（oṃ）・アーハ（āḥ）・フーン（hūṃ）の三文字の観想をいう。これら三文字は男性・女性・中

性の三性、仏身・仏語・仏心の三に配され、風の呼吸のとき、鼻穴を通じて行われる入・住・起の三種の作用の音声と等しいと観想する。この風の真実と、真言の真実を一体化させるのが、金剛念誦であり、それに習熟すれば、一切の外的な所作や儀礼は不要だと説く。

②一切清浄次第には、行者が瑜伽に入り、顕現する内的な光を主題として説く。その内的な光に四種ある。明（āloka）・明増（ābhāsa）・明得（ālokopalabdha）・清浄光明（prabhāsvara）がそれである。この中、明・明増・明得の三種の明は心の三種の相として、依他起《えたき》・偏計所執《へんげしょしゅう》・円成実《えんじょうじつ》の唯識三性《ゆいしきさんしょう》に配され、また空・極空《ごくくう》・大空の三種の空の異名を持ち、それぞれ三三、四〇、七の自性を備えているという。

行者は風つまり呼吸を制御しつつ、それを中央の脈管に流入させ、心臓の中心に収束させると、三種の明が現れ、これらを融合することによって一切空たる清浄光明が顕現し、解脱にいたる。この第二次第のみがシャーキャミトラの作と記されている。

③自加持次第は幻身《げんしん》次第ともいわれる。風を伴う三種の光を瑜伽行者の身に生ずることが、幻身の名の由来である。一切衆生は世俗では幻の如しと見る。しかし自身は本来あらゆる点において最勝を備え、仏であり、菩薩である。それゆえに自身を供養せよと説く。ここにおいて真言、印契、マンダラ、護摩などの一切の所作は幻の如しと知る。

④楽現覚次第は業と生から離れ、三種の明を捨て、一切空の自性である現覚・楽・光明を得

る次第である。それには行者が観想の中で、自身を清浄光明に融合させる塊執《かいしゅう》（piṇḍagraha）次第と、一切の動植物を清浄光明と化し、自身もそこに入る隋滅《ずいめつ》（anubheda）次第がある。再三にわたって清浄光明を顕現し、そこに入ることによって、行者の行住坐臥あらゆる日常の行為が清浄光明と一体化するようになる。

⑤双入次第においては、清浄光明に入り、一切空により解脱した瑜伽者には、輪廻と涅槃、能執《のうしゅう》（主体）と所執《しょしゅう》（客体）、般若と方便などあらゆる対立概念は解消し、一切の具足円満《ぐそくえんまん》を成就する。

第四次第までが行法次第で、双入次第はその果を述べたものであるが、現実に瑜伽の行法を行うには、これだけでは十分ではない。釈タントラによらねばならぬ箇所も少なくない。またチベット人の注釈書を参照することも必要になる。『パンチャクラマ』についての和訳と研究は、酒井真典『チベット密教教理の研究』（高野山出版社、一九五六年）、第三の幻身次第の内容については、平岡宏一「幻身」（『チベット密教』〔シリーズ密教2〕第一部第4章）参照。

3 『幻化網タントラ』

怒りの仏が迷いの幻網を打ち破る

松長有慶

一　幻化網とはなにか

複数のタントラ行者群の修法の中からめぼしい材料を取り出して、一つのタントラができあがった。その名を『幻化網《げんけもう》タントラ』（Māyājāra-tantra）という。「幻化網」とは、衆生の迷い、疑念を表す。このタントラに「幻化網」の名をもつ仏が現れる。この仏は五秘密尊の中尊で、空性・菩提心を内証とする金剛薩埵と同格とされる。『幻化網タントラ』とは、般若の空智によって衆生の疑惑を打ち破る、忿怒形の仏に関する儀軌という意味となる。

タントラ自体は無上瑜伽部に、その注釈書は瑜伽部に配せられていることからも、その内容の複雑さがわかる。その中に、『金剛頂経』系の聖典の梗概を叙述したとされる不空訳『十八《じゅうはっ》会指帰《てしいき》』の第四、六、七、八、十五の各会と関連した記事をもつ。

たとえばこのタントラの第七品では、阿閦・宝幢・無量寿・不空成就の四仏が菩提心について解説するが、同じ偈頌が「金剛頂経」十八会の第十五会に比定される『秘密集会タントラ』の第二分にも存在する。また『幻化網タントラ』の第五品では、四明妃《しみょうひ》と八忿怒の讃呪ならびに暴悪者を破滅させる複数の修法を説き、これらは『秘密集会タントラ』の第一四分と類似した内容をもつ。ただ後者は九忿怒で暴悪法の内容も必ずしも全同ではない。またチベット訳『幻化網タントラ』の第六品には、「金剛頂経」十八会の第六会、第七会、第八会に相当するとみなされている『理趣広経』の本尊である欲・触・愛・慢の四金剛女《しこんごうにょ》を伴う大楽金剛薩埵《だいらくこんごうさった》（これら五尊は「五秘密尊」と呼ばれる）が登場する。この尊格は『秘密集会タントラ』において主要な働きを担う毘盧遮那、世自在（阿弥陀）、阿閦の身・語・心三仏を統括する根本仏として、「幻化網」と呼ばれる。

さらに第八品には、鈴杵と弓箭を持つ四臂の金剛薩埵が除雷法の本尊として現れるが、このような像容の金剛薩埵は「金剛頂経」十八会の第四会に比定される『降三世軌』に説かれており、愛染明王《あいぜんみょうおう》の前身と考えられている。

以上の点からみて、『幻化網タントラ』は『十八会指帰』に記されているような、インド密教が瑜伽タントラから無上瑜伽タントラへと移行する時期に隆盛していた、いくつかのタントラ行者集団の成就法の内容を取捨選択して、編纂したタントラとみることができる。

『幻化網タントラ』について『十八会指帰』には記載がない。不空の渡印した八世紀半ば頃までに、現形のタントラがまだ編纂されていなかったか、あるいはこのタントラにそれほど特徴が認められないため、取り上げられなかったかのいずれかである。一方、このタントラの第十品には、『秘密集会タントラ』の名が記されている。とはいえ、現形の『幻化網タントラ』が一時に成立したとは断定できない。その中に付加・編入の記述がいくらか含まれている可能性が考えられる。現形の『幻化網タントラ』の成立は、その注釈者の年代を下限とみて、八世紀の終末ないし九世紀初頭とみてよいであろう。

二　テキストとタントラの構成

『幻化網タントラ』のサンスクリット原典は未発見だが、漢訳とチベット語訳は存在する。漢訳は『仏説瑜伽大教王経』五巻（大正蔵八九〇番）で、北宋の至道元年（九九五）、法賢《ほうけん》によって翻訳された。また同人訳になる『仏説幻化網大瑜伽教十忿怒明王大明観想儀軌経』一巻（大正蔵八九一番）は、『幻化網タントラ』から十忿怒尊の像容と、その成就法を説く部分を取り出して、一つなぎにした儀軌である。

チベット語訳は『幻化網なるタントラ王』（東北四六六番）で、リンチェン・サンポの訳。なお『チベット大蔵経』の古タントラ部には『幻化網タントラ』の旧訳とされる『金剛薩埵幻化網一切秘密鏡と名づけるタントラ』（東北八三三番）が収録されているが、これはニンマ派系聖典の一種であり、リンチェン・サンポ訳とは関係がない。

漢訳とチベット訳はともに一〇品からなる。両者を比較すると、その内容はほぼ一致している。ただし漢訳には欠落や音訳が多い。性的な行法や比喩、血や人骨を用いて行う降伏法など、無上瑜伽的な色彩の濃い表現は回避される傾向にある。

『幻化網タントラ』の注釈書としては、『チベット大蔵経』にアーナンダガルバの『広釈』（東北二五一三番）とプラシャーンタミトラの『細疏』（東北二五一四番）が収められている。アーナンダガルバは瑜伽部の密教に精通した成就者として知られ、瑜伽タントラ階梯の経軌に多くの注釈書、儀軌を著している。一方、プラシャーンタミトラは、「秘密集会」ジュニャーナパーダ流の祖ブッダシュリージュニャーナの直弟子とされ、いずれも九世紀の人。

三　マンダラ

『幻化網タントラ』の第二品には、①毘盧遮那（漢訳では大遍照如来）を主尊とする五仏、②四明妃、③四薩埵女、④四女菩薩、⑤十六菩薩、⑥八忿怒尊の四十一尊から構成される大マンダラの構造が説かれており、第三品ではこれら大マンダラの諸尊の真言、第四品では観想法（像容の説明）、第六品には印契が記されている。

またアバヤーカラグプタの『ニシュパンナヨーガーヴァリー』第二〇章には、『幻化網タントラ』を典拠とする文殊金剛マンダラの観想法が述べられている。このマンダラでは主尊が毘盧遮那から文殊金剛に交替するが、これは「秘密集会」ジュニャーナパーダ流の影響によるものであろう。また上方と下方を守護する忿怒尊として、ウシュニーシャチャクラヴァルティンとスンバが加えられる。

以下に尊格グループごとに、その特徴を概観しておこう。

①五仏

毘盧遮那・阿閦・宝生・無量寿・不空成就の五仏は、毘盧遮那を主尊とする点において阿閦を主尊とする『秘密集会タントラ』より『真実摂経』に近い。ただし五仏はみな多面多臂の姿をとり、第四品の記述によれば、毘盧遮那・無量寿・阿閦の三仏が明妃を抱くことが規定されている（諸尊が明妃を抱くことを、漢訳では「『般若経』を持つ」と記されている）。これら三仏は『秘密集会タントラ』において身・語・心の三密を司る尊格であるが、『幻化網タントラ』においても他の二仏に比べ、高い地位にある。

②四明妃

マンダラ内陣の四隅に、五仏に寄り添って配置される仏眼《ぶつげん》、摩摩枳《ままき》、白衣《びゃくえ》、多羅《たら》の四明妃は、『蘇悉地経《そしつじきょう》』以来の三部母に多羅を加えた四女尊である。これら四明妃は瑜伽階梯の『悪趣清浄タントラ』や『一切秘密タントラ』をはじめ、『秘密集会タントラ』のマンダラにも現れる。ただ『幻化網タントラ』では、仏眼が三面八臂、他の三尊が三面六臂をとる。

③四薩埵女

金剛界マンダラの四波羅蜜菩薩《しはらみつぼさつ》に相当する尊格で、金剛界マンダラの典拠となる『真実摂経』では、これら四尊は完全に仏格化されておらず、三昧耶形《さんまやぎょう》として表現されている。『幻化網タントラ』でも像容の具体化は見られない。『ニシュパンナヨーガーヴァリー』の解説によれば、四薩埵女は阿閦以下の四仏に等しい姿を呈するとされる。マンダラの第二重、四仏の外側の四方に配置せられる。

④四女菩薩

尊那、宝金剛（宝光）、顰眉、金剛鎖の四女尊で、『幻化網タントラ』特有の尊格。これら女尊名は、いずれも有名な陀羅尼の題名と一致し、陀羅尼から仏格化した女尊と考えられる。マンダラ第二重の四隅に配置される。

⑤十六菩薩

マンダラの第三重の四方に、四尊ずつ配される菩薩群。「金剛界八十一尊マンダラ」や「悪趣清浄九仏頂マンダラ」に登場する賢劫《げんごう》十六尊と多くの尊格が共通するので、その変化形とみなされる。上首の弥勒と文殊以外の諸尊の像容は、このタントラに記載されていない。

⑥八忿怒尊

「秘密集会」聖者流《しょうじゃりゅう》の十忿怒尊とも共通する尊格で、マンダラの四門と第三重の四隅に置かれる。ヤマーンタカ、プラジュニャーンタカ、パドマーンタカ、ヴィグナーンタカの四門守護の忿怒尊の配列は、聖者流と一致するが、アチャラ、タッキラージャ、ニーラダンダ、マハーバラは東北から順に配置され、東南から始まる聖者流のマンダラの配置に比べ、九〇度右に回転させた方式となる。

『幻化網タントラ』には瑜伽タントラと無上瑜伽タントラそれぞれの特徴が混在している。マンダラ諸尊の構成は『真実摂経』系だが、そのほかに八忿怒を加えるだけでなく、各尊が多面多臂の姿をとるのは、無上瑜伽系に近い。一方、第六品に各尊の印契を説く点は、瑜伽タントラの特徴を残している。

なお第二品に説かれるマンダラ作壇法《さだんほう》には、「七日作壇法」の次第が応用され、所作、行などのタントラの伝統をも引き継いでいる。またこの作壇法に含まれている、阿闍梨《あじゃり》がさまざまな立勢をとり、舞踊の姿勢を示しながらマンダラの周囲を巡って行う辟除法は『秘密集会二十儀軌』をはじめ諸種の文献に引かれ、後期マンダラの儀礼に影響を与えた。

（本稿作成に関して川崎一洋君の協力を得た）

4 『ヤマーリ・タントラ』と『マハーヴァジュラバイラヴァ・タントラ』

呪殺の冥王たち

奥山直司

一　極限の怪物たち

荒俣宏編の『アラマタ図像館〈1〉怪物』（小学館文庫）には、ゲスナーの『怪物誌』、辺景昭の『百獣図』などに現れた古今東西の怪物たちがコレクションされている。だが、インド後期密教の図像を知る者の目から見れば、この種の本に載っている怪物たちは、ことごとく単純素朴な連中で、よくいえば茶目っ気たっぷりの、悪くいえば幼稚で粗暴な物の怪にすぎない。

インド世界は古来、怪物的な神々、あるいは神として崇められる怪物たちの一大産地である。インド人は、途方もないイマジネーションを駆使して、グロテスク、あるいはエロティックに洗練されたモンスターたちを創り出してきた。

そのような風土から生まれたインド後期密教の尊格の中でも、とりわけおぞましい姿をしているのが、チベットにおいて「赤、黒、バイラヴァの三尊」と呼ばれるヤマーンタカ（ヤマ〔閻魔《えんま》〕の破壊者の意、大威徳明王《だいいとくみょうおう》）系のトリオ、すなわちラクタ（赤）ヤマーリ（ヤマの敵の意）、クリシュナ（黒）ヤマーリ、ヴァジュラバイラヴァ（金剛怖畏《こんごうふい》）である。

まず、クリシュナヤマーリの尊容には、一面二臂から六面六臂六足までいくつかのヴァリエーションがあるが、六面六臂六足のものを紹介すると次のようになる。

ヤマーンタカを修習《しゅじゅう》すべし。［このヤマーンタカは］忿怒しており、髪の毛を逆立て、青黒く、六面六臂六足で、水牛に乗り、展左勢《てんさせい》（右足を曲げ左足を伸ばして立つ姿勢）を取り、人頭の環《わ》（この部分はチベット語訳に従う）で身を飾り、非常に恐ろしい姿をしており、虎皮裙を着け、右手に剣、槌、金剛杵を、左手に鈴、金剛杵の付いた羂索《けんさく》、杵を持ち、冠に阿閦《あしゅく》の化仏《けぶつ》を頂いている。（『サーダナマーラー』二七四番より）

1　展左勢で水牛に乗る六面六臂のクリシュナヤマーリ　インド／マハント邸蔵

次いでラクタヤマーリは身色が赤く、一面二臂で、その姿は、たとえば次のように描写されている。

［このヤマーンタカは］一面二臂で、展左勢を取り、左手に血に満たされた髑髏杯《どくろはい》を持ち、右手に黄色い生首の付いた白いダンダ（宝棒）を持ち、蛇の飾りを飾り、黄褐色の髪の毛を逆立て、虎皮裙を着け、阿閦の化仏の冠をかぶり、自分に似た明妃《みょうひ》（プラジュニャー）に抱擁され、水牛の背に二重の蓮華と日輪を乗せた上に立っている。（『サーダナマーラー』二六九番より）

最後にヴァジュラバイラヴァは、九面三四臂一六足と最も複雑な像容をもっている。これには一勇者（エーカヴィーラ）と呼ばれる単独尊と、明妃ヴァジュラヴェーターリーと抱擁し合う父母仏の二つがあるが、以下には一勇者の像容に関する記述を『マハーヴァジュラバイラヴァ・タントラ』第五章から引用しよう。この章は「画像（パタ）の儀軌」と題されており、そこにはヴァジュラバイラヴァ像をどう描くべきであるかが、次のように述べられている。

一六足三四臂九面を有し、裸で、身色は青黒く、展左勢を取り、非常に恐ろしいが上にも

2　ラクタヤマーリ・マンダラの中心部　チベット／©Zimmerman family collection

恐ろしい姿をし、男根を突き立てている画像を描くべきである。

第一面は水牛面を、右の角には青、赤、黄の、ひどく忿怒している三面を描くべきである。左［の角］には白、煙色、青黒の三面を［描くべきである］。その二つの［角の］間に真紅の［面］を描くべきである。その上に少し忿怒したマンジュシュリー（文殊師利）の面を描かせるべきである。

右手にはカルトリ刀、矛、杵、小刀、カナパ（槍の一種、漢訳は一頭杵）、斧、槍、矢、鉤、ガダー（棍棒）、カトヴァーンガ、輪、金剛杵、鎚、剣、ダマル太鼓を持ち、左手には髑髏杯、人頭、盾、足、羂索、弓、腸、鈴、手、尸陀林《しだりん》（死体を遺棄する墓場の林）の布、串刺しにされた人間、火炉、杯、期剋印《きこくいん》（人差し指を立てた威嚇の印。チベットの図像では期剋印を結んだ手首として表される）、三流の幡、風にそよぐ布を持ち、［残りの左右の］両腕で象の生皮を握っているのを描くべきである。

右の足で人間、水牛、牡牛、ロバ、ラクダ、犬、羊、ジャッカルを、左の足で鷲、フクロウ、鴉、オウム、鷹、大瑞鳥（マハーシャクナ）、九官鳥、鶴を［踏んでいる］。このようなものにマハーヴァジュラバイラヴァを描くべきである。

以上のような三尊、とりわけヴァジュラバイラヴァは、あたかも怒りと恐怖という感情を軸

3　単独尊のヴァジュラバイラヴァ　チベット／ハンビッツ文化財団蔵

に人間の想像力の限界に挑んだかのような姿をしている。日本密教の伝持する図像資料にはこれほど異様な尊像は見当たらない。かろうじて対抗できるものを挙げるとすれば、太元帥《たいげんすい》明《みょう》王《おう》であろうか。

二　ヤマの破壊者はヤマ

ヤマはヴェーダ時代から死者の王と見なされ、後には死者の生前の行為を秤量して裁きを下す恐ろしい存在と考えられるようになった。ヤマーンタカとは、この死を司る神をも凌ぐ力をもつ者に与えられた名前である（ヤマーンタカという語の由来、仏教の尊格としてのヤマーンタカについては宮坂宥勝「YAMĀNTAKA 考」『インド古典論（上）』筑摩書房、一九八三年に詳しい）。

仏教におけるヤマーンタカは文殊菩薩の忿怒相の化身と考えられている。このような基本的性格が、文殊の顔をもつヴァジュラバイラヴァだけでなく、クリシュナ、ラクタの両ヤマーリにも「遺伝」していることは、たとえばクリシュナヤマーリのある成就法が、クリシュナヤマーリを観想する前提として、文殊金剛の観想を要求することからも確認できる（『サーダナマーラー』二七七番）。したがって、この三尊は、文殊を共通の本地とする化身という意味において同体といえる。

一説によれば、ヤマーリの名はシヴァ神の相（ムールティ）の一つであるカーラーリ（カーラの敵、この場合のカーラはヤマと同じ）に由来するという（Jitendra Nath Banerjea, *The Development of Hindu Iconography*, Third edition. New Delhi: Munshiram Manoharlal Publishers, 1974, p. 559）。ヴァジュラバイラヴァもまたシヴァの一相であるバイラヴァにヴァジュラ（金剛）を冠して、仏教化したものと見なすことができる。

こうした尊格の創出が、単にヒンドゥー教の神々に対する仏教の尊格の優位性を誇示することを目的にして行われたわけではないだろう。むしろその目的は、ヤマから冥王の座を奪い、生類の生殺与奪の権限を手中にすること、言い換えれば、ヤマになり代わって死を自在に操ることにあったと思われる。というのも、ヤマの破壊者であり、敵であるはずの彼らが、ヤマそのものに似すぎているからである。

一般に、ヤマは一面二臂で色黒く、水牛を乗物とし、自らの権威を示すヤマ・ダンダ、またはガダーと羂索を持ち、忿怒相を取り、口から牙をむき出しにした者として表現される。またときには水牛そのものに変化するとされ、そのことを持物である二本の角で表現することがある。チベットの仏教図像におけるヤマ（チューギェル〔法王〕と呼ばれる）は、水牛面を着け、水牛を乗物とする一面二臂の姿に表現されることが多い。

大威徳明王がそうであるように、クリシュナ、ラクタの両ヤマーリとヴァジュラバイラヴァの像が、ヤマに基づいて造形されていることは明らかである。しかもヤマよりはるかにパワーアップしていることを示すために多面多臂多足の姿が取られている。つまりヤマの破壊者もまたヤマ、より強大なヤマなのである。

三　降伏法の本尊

このようにして誕生したこの三尊が、インド後期密教の実践者たちが執り行う呪殺（マーラナ）をはじめとする降伏《ごうぶく》（調伏《じょうぶく》）法の本尊とされるのは当然であろう。仏法に仇なす敵を降伏するのに、死を司る冥王以上の適任者はいないからである。

それでは彼らを本尊とする降伏法はどのように行われるのか。その修法次第の一端を『マハーヴァジュラバイラヴァ・タントラ』第二章「一切の修法の成就」の中に見てみよう。

この章の記すところによれば、真言行者は忿怒しつつ吉祥マハーヴァジュラバイラヴァのヨーガに住して、呪殺・駆逐（相手を排除すること）をはじめとする降伏の諸法を執り行わなければならない。呪殺法の成就を欲する者は髪を剃り、裸になって南を向き、水牛面尊（マヒシャムカ＝ヴァジュラバイラヴァ）のヨーガに入る。そして大鴉の羽ペン、あるいは人骨のペンを用いて、尸陀林から得られた布に毒、血、塩、黒芥子、ニムバ樹とダトゥラ（チョウセンアサ

4　明妃ヴァジュラヴェーターリーを抱擁するヴァジュラバイラヴァ　チベット

ガオの一種）の汁で、一六に区画されたマハーヴァジュラバイラヴァのチャクラ（輪）を描く。これを成就されるべき者（修法の対象者）の名前と一緒に二つの火の間に置き、十字の真言で囲み、フーム字を八つ書き、諸隅にパット字を書く。それから自分の体に熱いバターを塗り、二つの頭骸骨の間にヤントラ（ダイヤグラム）を置いて、三つの竈の上に安置し、尸陀林から得られた薪で焼き、左足で踏みつけて十字の真言を唱える。そうすればたちどころに成就されるべき者が死ぬことは疑いないとされる。

また相手を病気に陥れようとする場合には、同じチャクラを二つの人間の頭蓋骨の間に安置し、火炉の下を半ハスタ（一ハスタは肘から中指の先までの長さ）掘り下げ、これを入れて火を焚けば、相手は病気に罹るという。

呪いの藁人形にも一脈通ずる呪術であるが、ともかくこのような調子で、呪殺、駆逐、離間《りけん》（仲違いさせること）、停止（麻痺させること）などの黒魔術的な修法がめんめんと説かれてゆく。

四　文献資料とその研究

クリシュナヤマーリ、ラクタヤマーリ、ヴァジュラバイラヴァの法に関する根本聖典は、それぞれ『クリシュナヤマーリ・タントラ』『ラクタヤマーリ・タントラ』、そして『マハーヴァジュラバイラヴァ・タントラ』である。プトゥンの分類によれば、これらの三タントラはいずれも方便・父《ふ》タントラ、毘盧遮那《びるしゃな》部族《ぶぞく》、忿怒ヤマーリ類に属している。

『クリシュナヤマーリ・タントラ』は、正式な題名を『一切如来身語心クリシュナヤマーリ・タントラ』といい、一八章（章の原語はパタラ）からなる。梵文原典とチベット語訳は知られているが、漢訳の存在はいまだ確認されていない。

梵本は注釈書の一つと合わせて校訂出版された。

Kṛṣṇayamāritantram with Ratnāvalīpañjikā of Kumāracandra. Rare Buddhist Texts Series — 9, Sarnath : Central Institute of Higher Tibetan Studies, 1992.

チベット語訳（東北四六七番）は、アティーシャ（九八二—一〇五四）とチベットの翻訳官比丘ツルティムギェルワによって一一世紀半ばに翻訳された。これはさらに比丘タルマタクと比丘ドルジェタク（後出のラ翻訳官）によって別個に二度、校訂されている。

タントラとともに出版された注釈書は、梵本では『クリシュナヤマーリ・タントラに対する十八釈』といい、著者名は記されていない。これに対して、そのチベット語訳（東北一九二一番）は『リンポチェ・テンワ』（梵語名『ラトナーヴァリー』）の名をもち、阿闍梨シュンヌダワ、つまりクマーラチャンドラに帰されている。

『ラクタヤマーリ・タントラ』は、チベット語訳の題名を『ラクタヤマーリと名づけるタントラの王』、同じくチベット語訳の章末に記された題名を『一切如来身語心ラクタヤマーリ・タントラ』といい、一九章からなる。

梵文写本は、インド人仏教学者ラーフラ・サーンクリトヤーヤナ（一八九三―一九六三）がチベットの僧院で撮影した梵文写本の目録の中に一本だけ登録されているが、校訂出版はまだなされていない。チベット語訳（東北四七四番）は、大パンディタ・チャンドラキールティとヤルルン人タクパギェルツェンによってネパールのヤムブ（カトマンドゥの古名）で翻訳された。したがって、その翻訳年代は翻訳官タクパギェルツェンの活躍期である一三世紀末頃に置くことができる。漢訳は発見されていない。

『マハーヴァジュラバイラヴァ・タントラ』は、つぶさには『マンジュシュリーと呼ばれる吉祥マハーヴァジュラバイラヴァ［チャクラ］ヨーガ・タントラ』といい、七章（章の原語はカルパ）からなる。このタントラには梵文原典、チベット語訳、漢訳がそろっている。

梵文原典（不完本）はカトマンドゥのネパール国立公文書館に保管されているが、まだ校訂出版はされていない。

チベット語訳（東北四六八番）は、ヴァジュラバイラヴァの法の相承者《そうじょうしゃ》として有名なネワール人（カトマンドゥ盆地に古くから居住してきたネワール語を母語とする民族）のバロー・チャクドゥム（マヘーバロー）と、チベットのラ翻訳官ドルジェタク（一一世紀～一二世紀初頭頃）によって共訳された。

ヴァジュラバイラヴァの法を駆使したラ・ドルジェタクの「ドル」（度脱《どだつ》、呪殺法）については、詳しい論考がある（「チベット人の仏教受容について― Rwa 翻訳官と Vajrabhairava の《度脱》をめぐって」『羽田野伯猷　チベット・インド学集成』第一巻、法蔵館、一九八六年）。彼の事績は最近、再検討されている（正木晃『性と呪殺の密教』講談社、二〇〇二年）。

漢訳は『妙吉祥瑜伽大教大金剛陪囉嚩輪観想成就儀軌経』一巻（大正蔵一二四二）である。これは北宋の至道元年（九九五）一月に法賢によって翻訳された。この漢訳は六分（章）よりなり、梵本とチベット語訳の第三章に相当する章をもっていない。

以上の三経典の他にも、チベット大蔵経カンギュル、タントラ部には忿怒ヤマーリ系のものとしてさらに六つのタントラ（東北四六九―四七三番、四七五番）が収録されている。

シクロスは、『マハーヴァジュラバイラヴァ・タントラ』のチベット語訳に加えて、『三章本バイラヴァ・タントラ』（東北四六九番）、『ヴァジュラバイラヴァ・カルパ・タントラ』（東北四七〇番）、『伝説の巻』（東北四七一番）、『チュッチュンダラ・カルパ』（東北四七二番）のチベット語訳を校訂・英訳した。

Bulcsu Siklós, *The Vajrabhairava Tantras. Tibetan and Mongolian Versions, English Translation and Annotations.* Tring: The Institute of Buddhist Studies, 1996.

これには各文献のモンゴル語訳も付載されている。

右の経典グループに対応するものとして、チベット大蔵経テンギュル、タントラ部には注釈書、成就法、マンダラ儀軌などの儀軌、讃などが多数収録されており、終末期に近づきつつあったインド仏教界で、凶暴苛烈な呪詛法が盛んに研究・実践されていたことを窺わせる（東北一九一八番以下）。

五　タントラの出現、相承、マンダラ

これら三タントラの成立過程はいまだ解明されていない。ここでは、それらがどのようにして人間界に請来されたか、その所伝を紹介して、成立問題を考える手がかりとしたい。

まずその奥書に着目すると、『クリシュナヤマーリ・タントラ』の梵本には、このタントラがオーディヤーナから生じたものであり、一〇万パーダ（パーダは四行詩の一行）の広本から略出されたものであると説明されている。これに対して、このタントラのチベット語訳では、それが「七〇万［頌《じゅ》］のもの（広本）から生じた」ことになっている。

『ラクタヤマーリ・タントラ』にはこの類の記述はないが、『マハーヴァジュラバイラヴァ・タントラ』の梵本にはまた、このタントラがオーディヤーナのヨーギニー・ピータ（坐処）か

ら勧請された、『吉祥なるマハーヴァジュラバイラヴァチャクララクシャナ・タントラ』から略出されたものであると記されている。これに対して、チベット語訳の奥書には次のようにある。

吉祥なるオーディヤーナのマハーピータ（偉大な坐処）より、『吉祥なる文殊師利タントラ』から生じた『吉祥なるマハーヴァジュラバイラヴァ・タントラ』と名づける大タントラ王を、正しいグルにして大マンダラの阿闍梨である吉祥なるラリタヴァジュラが取り出して、お作りになった。

これらの奥書に現れている、現存する経典が現存しない長大な経典（広本）の略本であるという考え方は、密教経典には決して珍しいものではない。ただし、両経典とも、その出所をオーディヤーナ（ウディヤーナ、チベット語でウルギェン）としている点は注目してよい。パキスタンのスワート渓谷にも同定されているオーディヤーナは、インド密教のパラダイスのように見なされていた形跡があるからである。

さらにもう一つ、ラリタヴァジュラという人物が『マハーヴァジュラバイラヴァ・タントラ』をオーディヤーナの地から「取り出し、お作りになった」という記述は重要である。タントラは持金剛《じこんごう》という本源的な仏によって説かれた、というのがインド・チベットの密教者の共通認識であろう。にもかかわらず、この記述は、ラリタヴァジュラをこのタントラの事実上の著者に指定しているように思われるからである。

プトゥンの『聴聞録』（東北蔵外五一九九番）には、ラ（ドルジェタク）流をはじめとするヴァジュラバイラヴァの法の相承系譜が三種収められている。それらによれば、この法はヴァジュラバイラヴァまたは持金剛に始まり、ジュニャーナダーキニーを経てラリタヴァジュラに受け継がれた。これがドルジェタクに届くには、さらに五代の相承を必要とする。ヴァジュラバイラヴァ、持金剛、ジュニャーナダーキニーは神的存在だから、この法の人間界における最初の相承者はラリタヴァジュラということになる。その年代は、ドルジェタクから逆算すれば、およそ一〇〇〇年前の一〇世紀頃となるものと思われる。

ラリタヴァジュラの役割についてもう少し具体的なイメージを与えてくれるのは、ターラナータの『インド仏教史』である。それによれば、『マハーヴァジュラバイラヴァ・タントラ』に限らず、無上瑜伽タントラは、特定の人物によって人間界に勧請されたことになっている。

あまたの甚深なる無上瑜伽タントラの一つひとつは、成就者たる阿闍梨のそれぞれがお招きして、次第に［人間界に］来現されたものである。たとえば、吉祥なるサラハが『ブッ

5　ヴァジュラバイラヴァのブロンズ像　チベット／北村コレクション

ダカパーラ』をお招きし、ルーイパが『ヨーギニーサンチャーラ』等をお招きし、ラワパとサロールハが『ヘーヴァジュラ』をお招きし、クリシュナーチャーリヤが『サンプタティラカ』をお招きし、ラリタヴァジュラがクリシュナヤマーリ三部書をお招きし、サプペードルジェが『ヴァジュラームリタ』をお招きし、ククリパが『マハーマーヤー』をお招きし、ピトーパが『カーラチャクラ』をお招きしたなどの如くである。(Schiefner 1868, p. 209)

この中で、ラリタヴァジュラが「お招き」した「クリシュナヤマーリ三部書」とは『クリシュナヤマーリ・タントラ』『三章本バイラヴァ・タントラ』『マハーヴァジュラバイラヴァ・タントラ』を指している。これらが人間界に来現した経緯は、『インド仏教史』の他の箇所に概ね次のように語られている。

ラリタヴァジュラはナーランダー大僧院のパンディタ(学者)で、文殊を守護尊(イダム)としていた。彼は自分の師匠にヴァジュラバイラヴァの法を求めるが、師は「これらは人間界にはないのでわしは知らない。そのためには守り本尊を成就しなさい」と答える。そこで彼は二〇年かけて文殊を成就する。文殊は彼に、オーディヤーナのダルマガンジャ

（聖典庫）という坐処に行き、ヤマーリのタントラを勧請せよと告げる。そこで彼は、オーディヤーナに行き、外教のヨーギニーたちと法力を競って一度は敗れるが、ヴァジュラヴェーターリー（ヴァジュラバイラヴァの明妃）の恩寵によってヤマーリのマンダラに入壇して灌頂を受け、大いなるシッディを成就して、野生の水牛を手なずけ、それに乗ったりする。そして未来の衆生を利益するために、ダルマガンジャからヤマーリ等のタントラを招こうと望んだところ、ダーキニーたちが、

「七日の間に記憶できる限りのものを許す」

と告げたので、ラリタヴァジュラは、智慧の菩薩である文殊に頼み、『クリシュナヤマーリ・タントラ』、『三章本バイラヴァ・タントラ』、『マハーヴァジュラバイラヴァ・タントラ』をはじめとする数多くの陀羅尼、タントラ、儀軌次第を心に刻んで持ち帰り、閻浮提《えんぶだい》（須弥山世界の中で人間が住む南の大陸）に大いに弘めた。（Schiefner 1868, p. 145）

要するに、ラリタヴァジュラは、オーディヤーナという異界に出かけてゆき、ダーキニーたちの管理する、その名も「聖典庫」という坐処から、記憶によってヤマーリ、ヴァジュラバイラヴァ関係の聖典をこの世に持ち帰ったというのである。したがって、現存の経典は彼が記憶に基づいて述作したことをこれらの伝承は認めていることになる。これが先に引用した『マハ

ーヴァジュラバイラヴァ・タントラ』の奥書にいう「取り出し、お作りになった」ことの意味なのである。

ここに見られるのは、神的存在によって説かれ、人間の目には隠されていた教えが、あるとき、ある選ばれた人間を介してこの世に現れるという、チベット仏教ニンマ派の埋蔵経典を彷彿とさせる論理である。インド後期密教の時代には、新しいタントラが新奇な尊格の信仰とそれにまつわる実践法を満載して次々に出現した。この論理は、これらのタントラがなぜ今になって出現したかを説明する論理として、タントラを正統な仏教聖典の中に組み入れ権威付けるのに極めて有効に働いたと考えられる。

さて、プトゥンの『聴聞録』には、前述のドルジェジクチェ（ヴァジュラバイラヴァ）の法の相承系譜だけでなく、ダナク（クリシュナヤマーリ）とシェーマル（ラクタヤマーリ）の法の相承系譜もいろいろと記されており、これら三法がさまざまな経路でインドからチベットへと伝えられたことが知られる。

このうちヴァジュラバイラヴァの法は、ツォンカパが重視したため、特にゲルク派で尊崇されて今日に至っている。

アバヤーカラグプタの『ニシュパンナヨーガーヴァリー』には、三面六臂で明妃と結合し、足下にヤマを踏みしだくクリシュナヤマーリを中尊とするヤマーリ十三尊マンダラ（バッタチ

6　ヴァジュラバイラヴァ十三尊マンダラ　チベット／ハンビッツ文化財団蔵

ャリヤ本一五番）が収録されている。

ヴァジュラバイラヴァのマンダラは、ヴァジュラバイラヴァを中尊とする十三尊マンダラが一般的であり、チベットではこのマンダラの木版印刷本が流布したこともあり、その作例は比較的多く残っている。

5　『ナーマサンギーティ』

読経から瞑想へ

桜井宗信

一　〝お経を読む〟

〝坊さんの実践といって、まず思い浮かぶものは〟と現代日本人に質問したとき、「お経を（声に出して）読むこと」に類する回答が上位にくるであろうことは想像に難くない。それほどこの読経・看経は僧侶が日々行う宗教行為としてよく知られたものである。古代インドの宗教諸派では、聖典を口承によって受け取り暗記することが基本であったから、初期仏教の段階から、看経は大切な経文を亡失せずしっかり記憶に留めおくという現実的な目的のために欠かせない手順であった。しかし後代、特に大乗仏教において、看経は経文の単なる反復確認を目的とするだけでなく、それ自体が大きな功徳を生み出す重要な行と見なされるようになる。

経典が声に出して読まれて多くの人々の口の端に上れば、それだけそこに記されている教え自体も広く流布するチャンスに恵まれることになるわけで、そのような目論見もあって経典自身が読誦《どくじゅ》に大いなる功徳を認め推奨しているという事情もある。このような背景から経典の読誦は僧侶の最も基本的な行儀の一つに数え上げられるに至り、現代日本の寺院においても『法華経』や『般若経』類（『般若心経』や『理趣経』など）などが盛んに音読されている。

後期インド密教の行者たちも、現存する文献資料によると、瑜伽観法《ゆがかんぼう》や供養法のような密教独自の儀礼を行うかたわら、日課の一つとして経典の読誦をも実践していたらしい。読まれていた経典は、『般若経』類や『普賢行願讃《ふげんぎょうがんさん》』のような著名な大乗経典に加えて、いくつかの密教経典も含まれていた。その中の一つが『ナーマサンギーティ（名号《みょうごう》の読誦）』である。

二　『ナーマサンギーティ』とは

1　経名と基本性格

本経は正式名を『智慧を本質とする存在であるマンジュシュリー（文殊師利）に関する最高の真実を備えた「名号の読誦」』といい、自らの語るところでは〃世尊釈迦牟尼如来が説いた大ヨーガタントラであり、一万六千詩節からなる『幻の網』という経典の「サマーディジャーラ（三昧《さんまい》の網）章」に含まれている〃という。本経に限らず密教経典には、それ自身より大規模な基になる経典――しばしば「広本」と呼ばれる――の一部であるとか、それから抄出されたものである、といった伝説が付されている。それに権威付けのための作為という側面のあることは否めず、本経の場合もこれをそのまま真実と受け取ることはできないが、本巻3章で扱われているように『幻の網（幻化網《げんけもう》）』と呼ばれる経典が確かに現存しているし、またチベット所伝の資料によれば、共通してこの呼称を含む経典群がかつて存在していた可能性もあり、単なる捏造話とも即断できない。

プトゥンはこの『幻化網』との関連に注目したためか、本経を無上瑜伽父タントラの毘盧遮那部族に所属させており、また注釈書や儀軌の中には確かにこの階梯に対応するものが少なからず存在する。しかし本経自体は、性的ヨーガに代表されるような無上瑜伽階梯に特徴的な要素を含んでおらず、内容上、『真実摂経』等と同じく瑜伽タントラ階梯に配当されるべきものであって、事実、注釈書等にはプトゥンが同階梯に位置付けたものが多数存在する。

加えて、『カーラチャクラ・タントラ』とも密接な関係があり、同タントラの権威者プンダリーカ（一一世紀中頃）は『カーラチャクラ・タントラ』がわからない者は『ナーマサンギーティ』がわからない。『ナーマサンギーティ』がわからない者は持金剛の智慧身がわからない……」と述べたと伝えられている。そしてこのカーラチャクラとの結び付きから、ついには「チベット大蔵経」仏説部の冒頭を飾るという栄誉を得るまでに至った。このように本経は、その人気が高まるにつれて本来の性格とは異なった複数の立場より解釈されて広まり、さらに権威を増していったのである。

2 伝本と構成

ネパール仏教界では現在も盛んに読誦されている経典であるため、梵文写本が極めて多数現存し、梵文校訂テキストも一九世紀末のミナエフによる刊行以来、五度発表されている。チベットへも早期に伝わったようで、流伝後期初頭のリンチェンサンポ訳本（一〇世紀末〜一一世紀初頃）以外に敦煌文書中に古い訳本が残されている。また漢訳も宋代の施護訳本以下四本存在するが、中国・日本仏教にはまったくといってよいほど影響を与えていない。

本経の梵文原典およびチベット語訳には、詩節（偈頌）と呪文（マントラ、真言）からなる短いヴァージョン――以下「小経」と呼ぶ――と、これに散文部分の加わった、より長いヴァージョン――以下「大経」と呼ぶ――とが存在するのに対し、漢訳四本はいずれも大経に対応するものである。大経の構成を簡単に紹介すると左記のようになる。

（一）持金剛（金剛薩埵）が釈尊に対して「名号の読誦」の説示を請願
（二）釈尊による「名号の読誦」説示の応諾
（三）文殊の名号の説示
（四）名号を読誦することによって生まれる功徳の説示
（五）文殊の真言の説示
（六）持金剛による讃辞

ここから散文による（四）を除いたのが小経であるから、これは読誦により特化した版本ということができ、ネパールで現在読誦されているのもこちらである。内容的には（一）および（二）が序、（三）から（五）が本論、そして（六）が結びにそれぞれ当たる。しかし本経の眼目となるのは、いうまでもなく（三）であって、文殊のさまざまな異名や優れた特質を示す言葉が、同尊への帰命と讃嘆とを表明する詩節の形式に整えられ列挙されている。ここで一例を挙げてみよう。

　始めも終わりもなく、覚った者であり、最初からの仏（ādibuddha　本初仏《ほんしょぶつ》）であり、原因を欠いたものであって、智慧の眼をもち、無垢であり、智慧を身体とするもの、如来であ

って（『ナーマサンギーティ』第一〇〇詩節）

傍点を付した「最初からの仏（本初仏）」とは〝始めなき昔より本来的に仏である存在〟を意味しており、後世『カーラチャクラ・タントラ』系列の法流において重要な術語として扱われた単語である。同タントラが『ナーマサンギーティ』を重要視する理由の一つはこの点にも求められよう。

3 文殊とのかかわり

文殊は大乗仏教の初期段階から姿を現している最も著名な菩薩の一人であり、「三人寄れば文殊の知恵」という諺もあるように、仏の智慧を本質とした尊格であって、『阿闍世王経《あじゃせおうきょう》』という初期大乗経典は〝永遠の昔より仏道を完成していて、釈尊もかつて菩薩であったときその導きを受けた、あらゆる菩薩の父母である〟という趣旨を述べている。文殊を讃嘆対象として『ナーマサンギーティ』が編まれたのも、こうした同尊に対する古くからの信仰が土台の一つとして存在したからである。ただし本経の文殊は単なる菩薩としてのそれではなく、諸仏の本質である法身大毘盧遮那《ほっしんだいびるしゃな》に相当する尊格である。「あらゆる菩薩の父母」という理解がより拡大・深化された結果と考えられるであろう。

また一方で、一尊格に対して多くの別名や性格を表現する形容句を次々に並べ立ててその徳を讃えるという方法は、瑜伽タントラの根本経典『真実摂経』が毘盧遮那への讃歌として収めている「百八名讃」に先例を求めうるけれども、〝密教経典に特有の仕方〟というわけではなく、大乗経典の一つ『智光明荘厳経《ちこうみょうしょうごんぎょう》』（遅くとも六世紀初頭には成立）には文殊菩薩が釈尊の徳を讃えて奉ったという類似した構成——ただし、ちょうど『ナーマサンギーティ』と逆である——の詩節（『文殊讃仏法身礼』）が含まれている。さらに古くは『マハーバーラタ』第八巻でヴィシュヌ神を讃嘆するのに千の別名を列挙している（「ヴィシュヌの千連禱」）例が知られているので、祈りの一パターンとして古来インドで伝えられてきた形式が仏教へも取り入れられた結果といえるであろう。

三　瞑想法とマンダラ

先に紹介した二ヴァージョン中の小経には、なんら分節を行わず単に一六〇余りの詩節と真言とを書き連ねている版が存在し、また現存注釈書の中にも分節に言及しないものがあることから、本来、大経でも内容を考慮した詩節の区分は行われていなかったと考えられる。しかし大経の梵文テキストおよび蔵漢訳本には、分節と節名の付加がなされている。現存する文献としては、マンジュシュリーミトラ（八世紀中頃）の著した注釈書にまで遡れるこの分節は、元来〝文殊の名号と形容句〟の列挙にすぎない『ナーマサンギーティ』の中心部分——前述概略の（三）——に、密教思想から見た一定の枠組みを当てはめて、そこに意味上のまとまりを与えるとともに、マンダラの構築や瞑想の実修などといった密教特有の儀礼を行う典拠としての意味付けを施すことをも視野に入れて行われたものであって、記載順に示せば左記のようになる。

①六部族の観察
②「幻の網」による現等覚《げんとうがく》
③金剛界曼荼羅
④清浄法界智《しょうじょうほうかいち》
⑤大円鏡智《だいえんきょうち》
⑥平等性智《びょうどうしょうち》
⑦妙観察智《みょうかんざつち》
⑧成所作智《じょうそさち》

八つの節名を素直に読むならば、ここで新たに与えられた枠組みが〝衆生をその性格に基づいて六種類（「六部族」）に分けて理解し、その救済のために「幻の網（幻化網）」という方法によって覚りを得て金剛界曼荼羅を生み出し、仏の智慧である五智（「清浄法界智」から「成所作智」）を示す〟という流れであり、しかも金剛界曼荼羅への言及から、それが『真実摂経』の説を踏まえたものであることを、二つながら予想できよう。

この分節を取り入れて解説している諸注釈書や儀軌を参照すると、④から⑧が文殊を五智の面から讃嘆する節として受け取られていたこと、またそれらが『真実摂経』系の理解に基づき、如来部族から羯磨《かつま》部族の五部族およびその主尊毘盧遮那から不空成就の五仏にも関連付けられていることがわかる。しかし諸注釈書は、さらに「菩提心金剛部族」という新たな部族を加えて③の金剛界曼荼羅と結び付けているので、都合《旧来の五部族＋菩提心金剛部族》となり、これをもって①の「六部族」の具体内容としているのである。これら六部族と③の金剛界曼荼羅が『ナーマサンギーティ』を典拠とするマンダラや儀礼を理解する上で重要なポイントとなる。この点にも注目しながら、まず本経に基づく瞑想法について説明してみたい。

1　三流派と瞑想法

二で述べたように、本経は瑜伽タントラ、無上瑜伽父タントラ、『カーラチャクラ・タントラ』という三つの異なった立場から解釈されたが、マンダラの作例が現存するのは瑜伽タントラ階梯のものに限られているようである。さらに、チベット人の著した仏教史書によれば、同階梯の『ナーマサンギーティ』解釈は主に次の三つの流派を形成して広まったらしい。

（ａ）マンジュシュリーミトラ（八世紀前半頃）を派祖とする「小文殊虚空無垢流」

（ｂ）アグラボーディ（八世紀前半頃）を派祖とする「文殊具密流」

（ｃ）マンジュシュリーキールティ（九世紀前半頃）を派祖とする「法界語自在流」

プトゥンによると(ａ)と(ｂ)の派祖はマンジュシュリーミトラを師とする師弟関係にある、という。彼らの著述を参照する限り、マンジュシュリーミトラとアグラボーディの関係は確かに首肯しうる点があるものの、彼ら二人とマンジュシュリーキールティとの影響関係はまったくといってよいほど希薄である。(ａ)・(ｂ)の親縁関係は当然、彼らが示すマンダラや瞑想法についてもいえることであって、特に後者に関しては(ａ)・(ｂ)ともに《大毘盧遮那↓本初仏↓般若輪↓ジュニャーナサットヴァ（智慧薩埵、智慧を本質とする存在）》という独特の瞑想プロセスを説いている。これは行者が対象を重層的に瞑想して行くもので、まず大毘盧遮那の尊容を思い浮かべ、次にその心臓上に本初仏を、本初仏の心臓上に『ナーマサンギーティ』に含まれる真言を車輪状に並べた般若輪を、般若輪の中心部分にジュニャーナサットヴァを順に観想したのち、自身とジュニャーナサットヴァとの一体感を自覚する。

特に、このように出発点を大毘盧遮那に置くやり方は〝すべての部族を集約し超越した立場(摂《しょう》部族)〟と呼ばれる。これは、行者を一定の基準で振り分けて配属する六部族の区分を考慮することなく、だれもが実践することを求められる中心的な儀礼である。

一方、『ナーマサンギーティ』が本来、読誦経典であったことを強く反映しているような瞑想法も伝えられている。それは一言でいえば、マンダラの観想と名号の読誦を組み合わせるものであって、マンジュシュリーミトラの『ナーマサンギーティの教誡』（東北二五五五番）に含まれているのは、まず前に触れた《大毘盧遮那↓本初仏↓般若輪↓ジュニャーナサットヴァ》のプロセスで尊格の生起を完成させたところで、前掲③（一二二頁参照）の詩節を唱える。すると、ジュニャーナサットヴァの心臓上の「ア字」から、詩節が文字で綴られヴィジュアル化した状態で発散され、さらにそれが菩提心金剛を中心とする菩提心金剛マンダラの諸尊に姿を変え諸国土に赴き、衆生を利益し、再び帰ってきて大毘盧遮那の周囲に坐る。続いて④の詩節を唱えると、その文字群からは毘盧遮那（一面二臂）を中心とする毘盧遮那マンダラの諸尊が生まれ出る……という順を踏んで、⑧の読誦と不空成就を主尊とする羯磨部族マンダラの観想に至るやり方である。

また、アグラボーディ『ナーマサンギーティ読誦観想法』（東北二五八〇番）が述べるものは、もう少し複雑な手順が取られている。初めに四面八臂の大毘盧遮那を中尊とする金剛界曼荼羅を観想し、③の詩節を唱える。次に中尊大毘盧遮那の姿を消し去り、代わりに一面二臂の毘盧遮那を観想してから④の詩節を唱える。ここで唱えられる詩節は『教誡』の場合と同じく文字化された状態を取っていて、その文字群から白色の光が発したあと多数の毘盧遮那に姿を変えてあらゆる世界に行き渡り、そこに住んでいる衆生たちを如来部族の所属者として覚りに導く。続いてマンダラの東輪に移動した毘盧遮那に代えて阿閦《あしゅく》を中尊として観想したところで、⑤を唱える。この場合も詩節は文字群の形を取り、青色の光を発して衆生に届き、彼らを利益する。以下順に、不空成就の観想と⑧の読誦・詩節文字群からの光線の発散までを、そして最後に菩提心金剛如来としての金剛薩埵を観想して、③をもう一度唱え、終了となる。

尊格の瞑想を扱う観法においては、「ア（a）」や「フーン（hūṃ）」などの文字として表されるシンボル（ビージャ、種子）を変化させてその姿を生み出すプロセスが、古くからその重要な構成要素となっている。いま紹介した二人の観法でも各「中尊」を生起する際に使われているのであるが、さらに『ナーマサンギーティ』の詩節を文字列として観想し、それを尊格に変えたり光明を発する基体として用いているから、その詩節自身が一種の種子として機能していることがわかる。文殊を讃嘆するための形容句にすぎなかった個々の単語が、本経自体の人気の高まりとともに、儀礼の中で重要な働きを果たす聖なるものに位置付けられたことになる。

他方(c)の流儀を見ると、派祖マンジュシュリーキールティが『無垢な虚空の如く極めて清浄な法界の智慧の心髄』（東北二五八九番）というマンダラ儀軌で説いている瞑想法は、彼と法兄弟の関係にあったというアーナンダガルヴァの『サルヴァヴァジュローダヤ』が示すそれとよく対応しているもので、アーディヨーガ以下の三三昧を枠組みの中心に置き、いわゆる「五相《ごそう》成身観《じょうじんかん》」を含む瞑想により「文殊が毘盧遮那として成覚する」プロセスを体験するものであって、『真実摂経』に基づく瞑想体系にまったく沿っている。マンジュシュリーキールティは自著『ナーマサンギーティ注』（東北二五三四番）で部族の区分に一切言及しておらず、瞑想法でも摂部族や部族に基づく区分に関説することはなく、また本初仏からジュニャーナサットヴァへの重層的な観想なども説かない。

2 マンダラ

（a）・（b）二流派では部族区分の概念がマンダラの組織にも大きな影響を与えており、両流共通して摂部族マンダラに部族ごとのものを加えた七種類のマンダラを伝えている。まず（a）の摂部族マンダラは基本的に『真実摂経』の金剛界曼荼羅と一致するものであり、中尊も四面二臂で智拳印《ちけんいん》を結び五鈷杵を持った大毘盧遮那であるが、瞑想法で触れた〝本初仏・般若輪・ジュニャーナサットヴァ〟がまったく同様に画像としても描かれる点で、金剛界曼荼羅と異なっている。また部族ごとのマンダラはいずれも《主尊＋四方四尊＋八供養女＋賢劫十六菩薩＋四摂菩薩》の三三尊形式を取っていて、各マンダラで相違するのは主尊と四方四尊のみである。すなわち主尊が菩提心金剛の場合、四方は金剛薩埵・金剛宝・金剛法・金剛業、同じく毘盧遮那の場合、薩埵金剛女・宝薩埵女・法薩埵女・業薩埵女、さらに阿閦から不空成就の四仏が主尊の場合には、金剛界十六大菩薩のうちの関係する四尊ずつが四方を取り囲む（たとえば金剛薩埵・金剛王・金剛愛・金剛喜が阿閦を囲む）。

（b）のマンダラは、摂部族《しょうぶぞく》マンダラも部族ごとのそれも共に金剛界大曼荼羅三十七尊に賢劫十六菩薩、外院の四摂菩薩を加えた五七尊形式を取っており、個々の性格の相違は瞑想法の場合と同様に主尊が入れ替わることで示される。ただし、尊格の配置は金剛界曼荼羅と異なっていて、全体は大きく内院と外院とからなり、それぞれ四方に外壁が回り門一つずつが構えられている。

内院では中尊を二重の円輪が取り囲み、内輪に金剛界四仏と薩埵金剛女・宝金剛女・法金剛女・業金剛女の八尊が、外輪に金剛薩埵以下の金剛界十六大菩薩が位置する。外輪を取り囲む外壁の隅に金剛嬉女から金剛舞女の四供養天女が、四門には四摂菩薩が住する。

外院は内院の四門、外壁を取り囲む外側の四門、外壁との間にできた回廊状の場所であるが、その四方に四体ずつ賢劫十六菩薩が、また四隅に金剛薫香女から金剛塗香女の四供養女尊がそれぞれ位置し、四門は内院と同じく四摂菩薩が守衛に当たる。なお〝本初仏・般若輪・ジュニャーナサットヴァ〟が主尊を土台として重層的に描かれる点は（a）と等しい。

（c）のマンダラは、マンジュシュリーキールティが「虚空のように無垢であり完全に清浄な法界の智慧の心髄という大マンダラ」と呼び、四面八臂のマンジュゴーシャ（文殊の別名の一つ）を中尊とし、金剛界十六大菩薩・八仏頂尊から護方天・二十八星宿などヒンドゥー教の神々に至るまで、当時、信仰を集めていた仏教内外の著名な諸尊に、「菩薩の十地《じゅうじ》」、十波羅蜜など通大乗仏教的な概念や陀羅尼を名称とする諸尊を加えた二〇〇尊を超える尊格たちを、四つの大きな部分（大マンダラ・陀羅尼マンダラ・法マンダラ・金剛部族マンダラ）に配置する非常に大規模なものである。「法界語《ほっかいご》自在《じざい》マンダラ」という名称でアバヤーカラグプタが『ニシュパンナヨーガーヴァリー』や『ヴァジュラーヴァリー』にも収載していて、ネパール・チベットで非常に重要視されているため『ナーマサンギーティ』のマンダラの中では群を抜いて作例が多い。ただ、どうしてこのような尊格組織を組み立てるのかについては、マンジュシュリーキールティは沈黙しており、それが『ナーマサンギーティ』の記述をどのように反映しているのかに関しても不明である。

なお、プトゥンの『シャル寺マンダラ目録』（東北五一七一番）によれば、「ウッディヤーナの阿闍梨アヴァドゥーティパーダ」の流儀によるマンダラが、彼の『ナーマサンギーティ注』（東北二五三六番）などに基づいて同寺に描かれているらしい。(a)・(b)と同じく摂部族から羯磨部族の七種で本初仏以下を重層的に描く点でも等しいが、構成は基本的に金剛界曼荼羅と同一であり、主尊を交替させて摂部族および六部族の区別を明らかにする方法が取られている。

参考文献

DAVIDSON, R. M., The Litany of Names of Mañjuśrī, *TANTRIC AND TAOIST STUDIES*, 1981.
桜井宗信「Nāmamantrārthāvalokinī を中心とした文殊具密流の研究（1）」『密教学研究』第一九号、一九八七年
スダン・シャキャ「Mañjuśrīkīrti 釈を中心とした Nāmasaṃgīti の一考察」『仏教学』第四六号、二〇〇四年
高橋尚夫「梵文『文殊讃佛法身礼』について」『インド学諸思想とその周延』二〇〇四年
栂尾祥雲「聖文殊真実名義経の研究」『栂尾祥雲全集別巻第一』臨川書店、一九八三年
平川　彰「大乗仏教の興起と文殊菩薩」『印仏研』第一八巻二号、一九七三年

6 『ドゥルガティパリショーダナ・タントラ』

死者の救済と後生安楽を目指して

桜井宗信

一 後生安楽と密教

死後の再生を当然の事実として受け入れている人々、あるいは社会では、自らを待ち受ける来世がどのようなものとなるのか、そしてまた、先立っていった人々がどのような境遇を送っているのかが大きな関心事となる。自分と敬愛する者の「後生安楽」を何とか実現したい、そのような願望を密教的な儀礼を通じて叶えようとしたのが、本章で取り上げる『ドゥルガティパリショーダナ・タントラ』（いわゆる『悪趣清浄《あくしゅしょうじょう》タントラ』）である。

人は死ぬとどうなるのか。人間が知性をもつようになって以来、問われつづけられてきたこの疑問に対して、古代インドの人々は「輪廻転生」をもって答えた。今生における行為の善し悪しで来世の境遇が定まるというこの考え方は、「六道輪廻」という仏教用語などとともに現代の日本でもよく知られている。今生で善き行いをした者は、天界（神々の世界）や人界で安楽な後生を迎えるが、そこでの寿命が尽きればまた他の境遇に生まれ変わることもあり、また天界にあろうと人界に住まいしようと、悪行を行う者には地獄・餓鬼・畜生の苦悩に満ちた来世という悲惨な報いが待ち受けることになる。「自業自得」の原理に基づいた結果、責任を個々人に厳しく問いながら果てしなく連続する、生と死との繰り返しなのである。

この輪廻をどのように克服するのかは、長い歴史をもっていたインド仏教においても、終始中心的な課題の一つでありつづけた。さまざまに異なった思想傾向を育んだ仏教だけに、輪廻を問題にする場合にも複数の異なったスタンスが存在した。しかし釈尊が覚りに到達し、それによって輪廻からの解脱も得られたという仏教一般の理解に拠る限り、その教説に基づいて行われる「仏道修行」は、修行者自身の輪廻からの解脱を求めてのものか（自利）、他者を輪廻から救い出すことを目的とするのか（利他）の違いはあっても、総じて今現在から未来を見据えて輪廻を超克しようとする道筋・方策としての意義をもっていたことになる。

一方で、修行者が精進し行を深めるにつれて、その結果得られる一種の威力によって彼は「悪趣」――先に挙げた地獄など三種類の悪しき境遇――に陥ることから遠ざけられ、修行に適した境遇に在りつづけられると考えられていた。つまり修行への邁進は、結果的に未解脱者にとって輪廻内でのより良い来世を約束するものともなるのである。

輪廻からの解脱、そして解脱に到るまでの間の輪廻界におけるより良い境遇への転生という二点に焦点を当てて考えた場合、仏教に従って修行に努力する者にはこの面での望ましい結果が実現することになるけれども、ではそのような機会を得ないまま死んでしまった者、いわば仏道に縁を結ばないまま既に来世に赴いてしまった者をどうするのか。自分の大切に思う人々が苦悩に満ちた後生を迎えていたとしたら、それを救済する手立てはないものか。

実際的な利益の獲得を追求していた密教徒たちが、この問題に興味を示さぬはずがない。七世紀中頃に玄奘が訳した『抜済苦難陀羅尼経《ばっさいくなんだらにきょう》』という初期密教経典には、「滅悪趣王陀羅尼」という一種の呪文が説かれていて、この威力により今現在悪趣で苦しんでいる衆生を救い出すことができるとある。やはり同じころ漢訳された『仏頂尊勝《ぶっちょうそんしょう》陀羅尼経』でも、釈尊の頭頂に宿るという不可思議な力への信仰に由来する「仏頂尊勝陀羅尼」の読誦によって自他の罪障が浄められ悪趣の苦悩も消滅すると説いている。

また一方で、密教儀礼――そこには呪文を唱えることも含まれるが――を実践する行者自身は後生安楽のみならず覚りにさえ到りうる、と説く密教経典も比較的早くに登場している。密教徒の関心は現世利益の成就に留まらず死後の境遇にも向いていたのであり、その実践は自他を悪趣から遠ざける効能を担うものとして理解されていたことになる。

さて、およそ七世紀以降になって、密教経典は思想や儀礼の面でより精緻で組織立った在り方を取るようになる。日本の真言宗で「両部の大経」と呼ばれ尊ばれている『大日経』や『真実摂経』がその代表であり、特に後者が後期インド密教の基盤を形成したことはよく知られた事実である。このような組織化された大物経典の出現で、それ以前に現れていたさまざまな密教的要素（尊格や呪文・儀礼など）が、この体系に沿うよう再編されたと考えられ、「後生安楽」に関連するいくつかの要素――そこには先に述べた滅悪趣王陀羅尼や仏頂信仰も含まれる――もその素朴な姿に重装備を施されて面目を一新したうえ、『ドゥルガティパリショーダナ・タントラ』という新たな経典としてお目見えすることになったのである。

二 『ドゥルガティパリショーダナ・タントラ』とは

本タントラの正式な名称『ドゥルガティパリショーダナテージョーラージャスヤ タターガタスヤールハトーサムヤックサンブッダスヤ カルパ』は『一切の悪趣を完全に浄化する光線

の王者という如来・阿羅漢・正等覚者に関する儀礼規則』を意味するが、通常表記のような略名で呼ばれている。流伝前期（王国時代）に翻訳されたチベット語訳のみが残されており、梵文原典および漢訳は現存しない。ただし、本タントラをさらに改変して作られた一種の別ヴァージョンの梵文原典がネパールに残されていて、こちらの校訂テキストは三〇年近く前に出版されているほか、チベット語訳や一部の漢訳も参照できる。

このように本タントラには、基本となったヴァージョンとそれを基にして作られた別のヴァージョンとがあり、両者を区別して説明しなければならない場合がある。そこでそのような際にはチベットの伝統に従って前者を『浄化タントラ（sByoṅ rgyud）』、後者を『九仏頂タントラ（gTshug guḥi rgyud）』と呼ぶことにする。

なお、本タントラの流儀は中国および日本の密教にまったく影響を及ぼさなかったけれども、ネパールやチベットでは今も葬儀の際に使われており、その意味では「生きた経典」ということができよう。特にネパールの密教僧は多くが『九仏頂タントラ』の梵文写本を所持しており、校訂テキストが発刊できたのもそのような事情に由来している。

では初めに基になった『浄化タントラ』を見てみよう。現存チベット語訳テクストは全体が三つの章に分けられているが、それを順に根本タントラ、続タントラ、続々タントラと呼ぶ伝承があったらしい。『真実摂経』や『秘密集会タントラ』などの場合、この順序が成立の順番に結び付いていて内容面での発展も存在するが、本タントラでも同じことがいえるかどうか、今のところ明確ではない。

まず第一章は次のような神話的情景で説き起こされる。

世尊（釈尊）はあるとき多くの菩薩や神々と一堂に会していたのだが、それら参集者の中で「全ての悪趣者を浄化する」という三昧に入ると、「三悪趣の生存からの解放者という大菩薩の三昧」という光線が白毫より発して全世界を照らし出し、それによって衆生がみな煩悩の束縛より解放され安楽となった。そして彼らは世尊のもとへやって来て供養を行うとともに、一つの詩頌を唱えて、仏の教えの中に悪趣を浄化する手立てが存在することを述べ讃えた。そこで居合わせた帝釈天は驚嘆し、なぜ悪趣より解放されるような奇瑞が起こり得るのかを世尊に尋ねたところ、それに対する答えは「仏は最高の誓願を発して無限の福徳・智慧・神通力を備えているので、どのような衆生でもその願いに応じて救済活動を行える」というものであった。

釈尊と帝釈天との対話という神話的な枠組みを離れて、帝釈天を本タントラへの入門者、釈尊をその師と読み替えてみるとき、ここから、悪趣に堕ちた者たちの境遇を一瞬にして変えてしまえるような、密教による後生安楽獲得への道が入門者に対して開かれている、という主題が浮かび上がってくる。

第一章の話に戻ろう。帝釈天は悪趣からの救済が話題となったことで、七日前に亡くなったヴィマラマニプラバという名の神のことが心配となり、彼がどのような境遇に再生したのかを釈尊に尋ねた。すると、その神は無間《むけん》地獄に堕ちて一万二千年間恐ろしい責め苦を受けてから、さらに他の地獄や畜生・餓鬼界に生まれて苦悩しつづけ、人間界に戻った後も不幸な境遇に陥ったままであり、そしてそれがもとでさらなる罪業を犯し苦悩を背負いつづける、とのこと。恐れおののいた帝釈天は、ヴィマラマニプラバがこの「苦悩の連続」から逃れるため、さらには彼に限らず「未来の衆生たちが三悪趣での生存から解放されるため」の手段を説いてくれるよう、世尊に懇願する。

それに答えて世尊は、自ら「すべての悪趣を浄化する王者」という名の呪文（心呪《しんじゅ》）を唱えて衆生が悪趣へと堕ちる因縁を断ち、悪趣の住者たちの苦しみを止めたのち、たとえ福徳の少ない衆生であっても、これを唱えたり書写して持っていたりすることで悪趣を浄化し、時ならざる死を回避することのできる呪文（根本心呪）を示したという。

これだけであれば先に述べた「滅悪趣王陀羅尼」の場合と大した違いがないが、ここでは加えて「マンダラへ規定通りに入って灌頂を授かった」うえで心呪を唱えたり、その意義を念ずることに言及があり、悪趣に堕ちた者たちが救われるのであるから灌頂を受けた者であればなおさらである、とその実践が勧められている。

これは、呪文への単純な依存から儀礼の実践を加えた高度な形式への発展という密教の歴史的流れを反映している面もあるが、それればかりではない。密教の教えは、勝れた師匠が自分と同じ勝れた資質を備えた者を弟子として選び出し、マンダラを見せ灌頂を授ける入門式を行う中で教授し、その弟子がまた新たな弟子に伝える……その連続で継承されて行く。つまり、それは万人に開かれているものではなく、受けるにせよ、伝えるにせよ、一定の条件を備えた資格者のみが関与を許されるものであって、万能薬の呪文も、選ばれた師が選ばれた弟子に対し、そのような手続きを踏んで教えるものであり、またそうやってこそ、はじめて効力をもつと考えられている。

ことが短い呪文であるから、単純にそれを唱えたり身に付ける目的のみであれば、入門式を経ずに教わることもあったかもしれない。しかしながら少なくとも、呪文を教えたり葬儀としての灌頂を執行したりできる者は、灌頂を授かった正当な継承者、「師」と呼ばれる者でなければならなかった。つまりマンダラや灌頂は、後生安楽の方法を教え広め、また死者を悪趣から脱出させる儀礼を執行する、そのようなスペシャリストを養成し、『ドゥルガティパリショーダナ・タントラ』の教線を拡大するためにも欠かせないものである。

入門を許されて『ドゥルガティパリショーダナ・タントラ』を伝えられた者は、悪趣へ堕することなく覚りが得られるように実践する行者、自らを守り利する者という一面のほかに、それを教え広め、自らと同一の在り方へ導くという利他に努める者としての一面をも合わせもっているのである。

さて、釈尊はこのマンダラ（通称「普明《ふみょう》マンダラ」という）および灌頂の実修法を説き示すとともに、それに基づく実修を続けることで仏となることも可能であるとの趣旨をも述べたのち、帝釈天の「罪障によって地獄に堕ちた衆生を救い出す方法を教えてほしい」という願いに応じて、何種類かの儀礼を示す。これらはその性格上、葬儀や追善供養を執行するためのマニュアルと見なせるものであって、概略は五節で触れるが、なかに遺体を用いた護摩法（いわば火葬法・荼毘法）を含んでいるのが興味深い。

ともかく帝釈天たちは悪趣からの救済法を知り得たのである。喜んだ彼らが教わった通りに行法（それがどの方法であったかは記されていないが）を実践すると、ヴィマラマニプラバはその威力によってめでたく地獄の苦悩より救い出され、兜率天《とそつてん》に転生したという。そして、彼は心配していた神々ともども釈尊と本タントラの功徳を賞賛し、それを保持する者たちを守護することを誓う、という形通りの結末をもって第一章は締め括られる。

一方、『九仏頂タントラ』の第一章は、釈尊による呪文「すべての悪趣を浄化する王者」の説示まではこれとほぼ同一であるのに対し、その後に置かれたマンダラを用いる儀礼マニュアル部がまったく異なった内容であり、またヴィマラマニプラバの兜率天転生に終わる結末も含まれない。これまでの研究によって、このマニュアル部が瑜伽タントラ階梯を代表するインド学僧アーナンダガルバの整定した儀軌文献を典拠として編纂されたらしいことが明らかになっているが、ここに至るまでに普明マンダラとは異なったマンダラの創案とそれを用いた儀礼の流行という事情があったようである。

このように『浄化タントラ』第一章は〝ヴィマラマニプラバの救済〟という説話的な枠組みを横軸に据えながら、「悪趣から救済するための儀礼的方法」の説示という目的を縦軸として展開している。しかし、ここで次のような疑問が起きないであろうか。犯した罪障の報いとして悪趣に赴くのは、「自業自得」という原則に沿ったものであって、当然の事態である。それを、慈悲に基づく救済活動の結果とはいえ、いとも簡単に超越し、ご破算にできるものか、と。

これに答えるような記述は第一章中では見られず、わずかに〝智慧（般若）と巧みな手立て（方便）によって父母殺しや仏教否定者のような悪業を犯した者であっても救済できる〟という趣旨の説明があるだけである。

そこで第二章に目を移して、その手掛かりを探してみよう。

釈尊に代わって教主となった金剛手は、まず釈尊を中尊とする第二のマンダラ（通称「九仏頂マンダラ」）を説いたのち、帝釈天からの質問に答える形でヴィマラマニプラバが悪趣に堕ちるに至った原因、経緯を語っている。

ヴィマラマニプラバは、前世において親殺しという大罪を犯しながら仏教に帰依したので、神として再生し得たが、その果報が尽きてしまうと、過去の悪業の報いで地獄に堕ちた。しかし、同じく過去世において結ばれていた釈尊や帝釈天などとの機縁により、『浄化タントラ』に基づく救済にあずかれた。つまり、この救済は「自業自得」のご破算を意味するものではなく、そのような幸運を得られるだけの業の果報なのであり、マニュアルに則った葬儀を出してもらえるのも、それだけの善業を積んでいたからだ、というわけである。

さて、ヴィマラマニプラバの因縁話を終えてから、『浄化タントラ』第二、第三章は連続して一〇種のマンダラとそれを用いた儀式の説明を進めて行く（四節を参照）。ここで主題は悪趣から救済した者の〝その次〟を見据えた内容へと移っている。一つは再び悪趣へ赴くことを防ごうという意図から、その根本的な契機である「死」に視点を置いて、死を避ける方法、より積極的には「延命長寿獲得法」であり、もう一つは被救済者が悪趣に堕ちる原因となる悪業を行わないように、利益を与え便宜を計るための方法であって、伝統的に「四種羯磨《かつま》」と呼ばれている利益成就を目的とした一連の儀礼によって具体化されている。

三　注釈書の概略

現在、私たちが『ドゥルガティパリショーダナ・タントラ』の注釈書として参照できるものはすべて『浄化タントラ』に対するものであり、しかもチベット語訳版の五本のみであって、サンスクリット語原典は発見されていない。列挙すれば次のようになる。

①ブッダグヒヤ著『意味と文字の注釈』、②カーマデーヌ著『詳注』、③ヴァジュラヴァルマン著『端正な飾り』、④著作者不明『光明の飾り』、⑤アーナンダガルバ著『儀礼規則の詳注』。

①の著者ブッダグヒヤは瑜伽タントラ階梯に造詣の深い八世紀末～九世紀前半頃の学僧で、『真実摂経』を中心とした瑜伽タントラの綱要書『タントラールターヴァターラ』の著者として名高い。本書も流伝前期にチベットへ翻訳されたと考えられている。

②は詳細な説明を含み利用価値は高いけれども、残念ながら著者カーマデーヌの人物像は不明である。

③はタントラ全体を引用しながら事細かな説明を行っているため、これまた非常に有益な資料である。著者のヴァジュラヴァルマンはアーナンダガルバの師匠とも伝えられている人物で、それが真実であれば九世紀中頃を活動期としていたと考えられよう。

⑤のアーナンダガルバについては二節で触れたとおりであり、本書の著述も九世紀中頃と見られる。タントラの構成をアーディヨーガ以下の三三昧の枠組みで理解する点に特徴があるが、記述が簡略なため注釈としての利用価値は少し劣る。また著者不明の注釈書④も、三三昧《さんざんまい》の枠組みを適用している点で⑤と一致する。

これら五書の説明は互いに一致する箇所もあるが、まったく異なる場合もあり、マンダラの描き方や儀礼の実践方法においても多くの相違点が認められる。恐らくタントラの解釈と実践をめぐって複数の伝承（流派的な形態）が存在していたためと思われるが、その実体はあまり明らかになっていない。

四　マンダラ

一口に『ドゥルガティパリショーダナ・タントラ』のマンダラといっても、『浄化タントラ』と『九仏頂タントラ』とで異なる点がある。すなわち前者が一二種類のマンダラを説くのに対して、後者が説くのは一一種類であって、その数が相違している。ただし後者のうち一〇種類は前者と共通しているため、仮に「ドゥルガティ系のマンダラ」というカテゴリーを設定するならば、そこには計一三種類のマンダラが含まれることになる。

各注釈書はこれらのマンダラを「出世間のマンダラ」と「世間のマンダラ」とに分類する。タントラ自身の説くところによれば、前者が釈尊あるいは金剛手という仏の側から説かれたものであるのに対して、後者は四天王など欲界に住まいするとされる神々が衆生利益を誓ったことから現出することになったものであって、確かに成立由来上の違いがある。

ただ、タントラが各マンダラに関して述べている内容はおおむね極めて簡略であり、なかには構成尊名さえ判然としない場合もあるため、それを実際に造壇できるほどの具体的な情報は注釈書や儀軌類の説明によるしかない。以下では主にヴァジュラヴァルマンによる『端正な飾り』を参照しながら、見ていくことにしたい。

1　出世間のマンダラ

根本マンダラ　『浄化タントラ』における第一番目のマンダラとして第一章で説かれ、一切知(sarvavid 普明)毘盧遮那を中尊とするため「普明マンダラ」とも呼ばれる。チベット所伝の現存作例を見ると、複数の異なった構成で描かれており、注釈書間に認められるような伝承の相違が実際に異なった描画を生み出していたらしいことがわかる。

まず内院では、白色・四面で金剛杵を載せた法界定印《ほうかいじょういん》を結ぶ中尊一切知毘盧遮那《いっさいちびるしゃな》が、四方を一切悪趣浄化王・宝幢《ほうどう》・釈迦族主・開敷華《かいふけ》の四如来によって、また四隅を仏眼《ぶつげん》・マーマキー・白衣《びゃくえ》・ターラーの四明妃《しみょうひ》によって囲まれ、その周囲に配された一六輻輪に金剛薩埵から金剛拳までの金剛界十六大菩薩が、さらにその周囲、内庭の一番外側で四つの門を備えた部分に八供養菩薩、四摂《ししょう》菩薩、賢劫《げんごう》十六菩薩が位置する。宝幢や開敷華のような『大日経』的な如来に、金剛界曼荼羅の諸尊、そしてより後期に流行した四明妃グループをも持ち込むという、起

◀1　一切知毘盧遮那を中尊とする普明マンダラ
チベット／ハンビッツ文化財団蔵

源の異なる諸尊の組み合わせとなっていて、ここに本マンダラの「過渡的・折衷的性格」を見る研究者もいる。

一方、外院の構成は注釈書間で大きな違いがあり、『端正な飾り』によれば第一周目は三二輻輪で、八縁覚、八比丘、八忿怒尊、八使者が住し、六四輻輪の第二周目（マンダラの最外周）には、四天王、十護方天、八曜、二十八星宿というヒンドゥー教の諸神格に八人の聖仙やヤクシャ・ガンダルヴァなど異類の存在が位置するが、『意味と文字の注釈』や『儀礼規則の詳注』ではさらに数多くの尊格を組み込んでおり、前者では内院とも併せて四七〇尊にも上っている。

九仏頂マンダラ　『浄化タントラ』第二章の冒頭で説かれるマンダラで、釈迦牟尼世尊を中尊とすることから「釈迦牟尼マンダラ」とも呼ばれる。根本マンダラに比べて尊格の数が少なく、ヴァジュラヴァルマンは〝簡略なやり方を好む者のために説かれたものだ〟という理解のあったことを伝えている。ただ、釈尊を取り囲む八仏頂尊が、もともと死者の罪障滅除に功徳がある尊格として信仰されていたという事実から、死者の後生安楽を説く本タントラのマンダラに組み込まれたとも考えられる。

内院は釈迦牟尼を中尊とし、周囲の八輻輪に金剛手・勝仏頂・転輪仏頂・尊勝仏頂（以上、四方）および光聚《こうじゅ》仏頂・摧破《ざいは》仏頂・除障仏頂・白傘蓋《びゃくさんがい》仏頂（以上、四隅）の八尊が位置し、また四隅には金剛香《こう》から金剛塗香《ずこう》の四供養天女、四門には四摂菩薩がそれぞれ配される。釈迦牟尼と金剛手は仏頂尊に含まれないが、白傘蓋仏頂までの九尊を一組ととらえることが本マンダラの呼び名の由来である。なお、タントラ自体は外院に関する記述を欠くが、ヴァジュラヴァルマンの説明では八護方天と三悪趣を描くという。

ところで、『九仏頂タントラ』には普明マンダラが含まれず、代わりに内院を次の形式とするものが、第一番目のマンダラとして登場する。

すなわち、釈迦牟尼を中尊とし、東輻には阿閦に対応する金剛仏頂、南輻には宝生に対応する宝仏頂、西輻には阿弥陀に対応する蓮華仏頂、北輻には不空成就に対応する一切仏頂、南東輻には光仏頂、南西輻には幢仏頂、北西輻には利仏頂、北東輻には傘仏頂（以下『浄化タントラ』の九仏頂マンダラと同じ）というものである。

釈迦牟尼を八輻輪上の八仏頂尊が取り囲むため、やはり「九仏頂マンダラ」と通称されるが、『浄化タントラ』の九仏頂マンダラに登場する八仏頂が、初期の密教経典時代より信仰されていたものであるのに対し、『九仏頂タントラ』のそれは『真実摂経』以降確立した「五仏」「五部族」の枠組みをそれに組み入れる形で改変したものと考えられている。

ネパールやチベットにおける流行を反映して現存作例はこちらの方が多く、また既刊の概説書などが九仏頂マンダラと呼んでいるのも主にこちらである。さらに、アバヤーカラグプタが

『ヴァジュラーヴァリー』および『ニシュパンナヨーガーヴァリー』において「ドゥルガティパリショーダナ・マンダラ」として述べているものも、こちらの系統に属している。

無量寿マンダラ　先に見たヴィマラマニプラバのように、多くの罪障を犯している衆生は一度悪趣へ堕すことを免れても、その業が熟することで再び死してその危機を迎えることになる。また覚りを得て衆生を利益しようと修行に励んでいる真言行者にとっても、短命はその継続を阻む大きな要因である。そこで、延命長寿の実現によって、堕悪趣を恐れる凡夫、および成覚（覚りの達成）を目指す行者双方に利益をもたらす目的で説かれたのが、このマンダラである。ブッダグヒヤがこれを「業障を断ち切る無量寿のマンダラ」と呼んでいるのも、このような性格を考慮してのことであろう。

金剛手が尊格を現し出す際に唱える呪文（陀羅尼）の中には『アパリミターユル（無量の寿命）陀羅尼』や、いわゆる「阿弥陀如来根本陀羅尼」に類する、起源が古く阿弥陀如来に関連するものが含まれているが、阿弥陀如来がマンダラの主尊となっているわけではない。中尊は白色で金剛杵と金剛鈴とを持つ金剛手であり、それを阿閦・宝生・阿弥陀・不空成就の金剛界四仏が囲繞《いにょう》し、さらに金剛薫香女から金剛塗香女の供養天女が四隅に、金剛鉤以下の四摂菩薩が四門にそれぞれ位置するという構成を取っている。

寿命成就マンダラ　死の原因としては先に述べた業の果報のほかに、死神の仕業による時ならざる死（不慮の死）があると考えられている。無量寿マンダラによる罪業の除去に続き、死神を圧伏して不慮の死からも衆生を遠ざけ、よりいっそう延命長寿を確実なものとするために説かれたのが、このマンダラである、というのが注釈者たちの解釈である。そのため「死神を破壊するマンダラ」という別名でも呼ばれている。

無量寿福智《むりょうじゅふくち》資糧光明王《しりょうこうみょうおう》（無量の寿命と福徳・智慧資糧と光明とを有する王者）如来を中尊として、その四方を金剛手（東）・虚空蔵（南）・観自在（西）・忿怒（北、ヴァジュラヴァルマンは降三世とする）の四尊が取り囲む、というのがタントラによる規定であるが、ヴァジュラヴァルマンによればさらに四隅に金剛嬉女から金剛舞女の四天女が位置している。

また無量寿マンダラで用いられていた「アパリミターユル陀羅尼」に類似する呪文が、ここでも無量寿福智資糧光明王如来の根本心呪として使われている。

大楽マンダラ　九仏頂マンダラと同じく教主金剛手が自ら説いたマンダラであって、名称の由来は、中尊の座にある金剛薩埵（あるいは普賢）が「大楽《だいらく》を備えた者」であるところにあるが、『ドゥルガティパリショーダナ・タントラ』所説のマンダラを用いたさまざまな儀礼において使われる印契・大印・種子を金剛手が説示する、という場面で示されるマンダラである。同時に、行者（阿闍梨）が自身の成覚を容易にし、他者の抜苦与楽をも図る二利行として実践する息災《そくさい》・増益《そうやく》・敬愛《けいあい》・降伏《ごうぶく》という四種類の修法にも関連するとされている。

ヴァジュラヴァルマンの説明では、マンダラの基本構成を根本マンダラと等しくするとされるものの、中尊が金剛薩埵あるいは普賢で、その外側の四方に位置するのが金剛手・宝手・蓮華手・毘首《びしゅしゅ》手の四尊であるところに大きな違いがある。四方尊には聞き慣れない尊名が含まれているが、ヴァジュラヴァルマンはこれらが順に金剛手・宝生・無量光・不空成就であるという、またブッダグヒヤは金剛手・虚空蔵・観自在・金剛業であるとしており、四尊が金剛部族から羯磨部族の部族主・転輪者であるところから、本マンダラを「四部族転輪者マンダラ」と呼ぶ伝統もある。先に述べた四種類の修法はこれら部族の区別に対応させて実践する必要があり、ここに四転輪者と四羯磨との結び付きを図った意味が存在する。

なお『九仏頂タントラ』ではこれが最後のマンダラである。

忿怒マンダラ　衆生に災禍をもたらすあらゆる障礙魔《しょうげま》を駆逐する忿怒尊のマンダラを説いてほしい、という神々の要請に答えるという形式で教主金剛手が説示したとされるマンダラである。仏は慈悲をもって心優しく衆生を救済する存在であるが、温和な方便を受け入れない凶暴な素性をもった者たちを相手とするときには、「毒を以て毒を制する」ように、怒りも露わな、見る者に畏怖を起こさせる形相（忿怒形）を取ってその降伏・引導に当たるとされ、そのような尊格は不動明王の例でもわかるように、初期密教の比較的早い段階より登場している。

『浄化タントラ』にだけ説かれるこの忿怒マンダラの基本構造は、中尊として金剛薩埵の忿怒形の一つ、忿怒火焔が位置し、その外側を十二忿怒尊の住する十二輻輪が取り巻き、さらに輻輪の外には四羅刹女および門衛尊が住する、というものである。中尊は金剛火焔とも呼ばれるため、「忿怒金剛火焔マンダラ」と伝える注釈書もある。

十二忿怒尊はその真言によれば、照明三世・調伏三世・破壊三世・捕縛三世・甘露頂髻・時杖・時使者・知三種・時鉤・時索・時縛・時恋着という名をもっていて、いずれも抽象的で聞き慣れないものばかりであるが、ブッダグヒヤは甘露頂髻から知三種の四尊を古くから著名な忿怒尊である甘露軍荼利・青杖（ニーラダンダ）・不動・馬頭として紹介している。輻輪外の四隅に位置する四羅刹女は、柔和相のマンダラにおける四明妃に当たるが、ここではこれらも忿怒形であって、時羅刹女・時牙女・時夜女・時夜叉女と名付けられている。さらに門衛尊も忿怒の形相を取って四門を防護する。

2　世間のマンダラ

注釈者たちがまとめて「世間のマンダラ」と名付けているのは次の六種のマンダラ、すなわち四天王マンダラ、護方天マンダラ、八曜星宿マンダラ、八龍マンダラ、九バイラヴァ・マンダラ、諸天マンダラである。

紙面の関係で一々の名称を紹介することはできないが、いずれもヒンドゥー教の神々が金剛手を拝礼し、自身の心呪を捧げるとともに、全衆生の利益を図り役立つ行いを実践することを誓って、金剛手を中尊としたマンダラを構成する、という共通の枠組みによって語られている。したがって、これらが図絵で表現される場合も、基本的には中尊である金剛手の周囲に神々が位置する形態を取る。ただし八曜星宿、九バイラヴァ、諸天の三マンダラは、金剛手の忿怒形である降三世を中尊としている。

神々が金剛手に捧げる「心呪」は短音節の呪文であるが、元来心臓を表す言葉であって、これを「捧げる」ことは自身の生殺与奪を相手に預けることを意味する。密教の儀礼においては尊格を瞑想によって生み出す際の核となるものであるから、これを明かすことは、諸尊が自分を呼び出しその威力を利用可能とするためのパスワードを公にしたようなものである。

ヴァジュラヴァルマンによれば、ここで登場する神々は衆生の長寿を阻害することのできる魔的な性格をもつ存在でもあるため、そのような悪い面を静めるとともに、反対に世俗的な利益を衆生に与える善なる者となるよう金剛手が加持した結果であるというが、ヒンドゥー教の神々を密教の枠内に取り込み、一定の役割を担う存在として位置付けることで、同教との融和を計ろうとした結果でもあろう。

五　儀礼の枠組み

1　概　略

密教においても行の在り方は自利・利他として規定され、各々が儀礼の実践によって具体化される。それを『ドゥルガティパリショーダナ・タントラ』の場合に当てはめてみよう。

すでにこの教義に精通している行者（師）の立場に視点を置いてみると、自利には覚りに到るための瑜伽観法、および安心して修行に邁進できる環境を整えようとして行う四種羯磨が対応する。また利他には当然のことながら〝悪趣で苦しむ衆生を救済し、延命長寿を与えるとともに、未来にわたって悪趣への再生を防ぎ利益を与える〟というこのタントラの主題にかかわる諸儀礼が当てはまり、具体的には①悪趣からの救済を扱う葬儀・追善儀礼、②救済した衆生の長寿延命を図る儀礼、③彼らを利益するための四種法（護摩法）が挙げられる。加えて以上

2　ネパール領ムスタンのローモンタン弥勒堂第二層の壁画には、『ドゥルガティパリショーダナ・タントラ』旧訳本に説かれる12種のマンダラがすべて描かれている。これはそのうちの八大龍マンダラ（中尊は金剛手）

3 同じく宿曜（八曜と二十八宿）マンダラ（中尊は降三世）

のような儀礼の担い手、衆生救済を実践しながらその教えを広め伝える新たな行者の養成にかかわる儀礼、すなわち二節で触れた灌頂もここに含められよう。
以下、重要な点だけをピックアップしてその概略を紹介してみたい。

2 灌　頂

新たなマンダラに参入し教義を受け継ぐ者は、その都度、この灌頂を師より授かる必要があるので、マンダラの数だけ灌頂を行うための儀礼が存在することになり、『ドゥルガティパリショーダナ・タントラ』全体では一三回灌頂儀礼に言及している。

灌頂は行者とマンダラを構成する特定の尊格とを結び付ける場でもあり、その結果、彼は尊格との合一・一体化を果たす能力を得、その威力を用いた活動が可能になると考えられている。したがって灌頂で用いられる要素の中には、各々の尊格に固有のもの（たとえば、呪文や「三昧耶形」と呼ばれるシンボル、「印契《いんげい》」と呼ばれる両手で表すジェスチャーなど）が存在し、それらは当然、登場する尊格が違えば異なったものとなる。しかし、それ以外の基本的構成――儀礼の中で行われる所作とその実修順など――は、『ドゥルガティパリショーダナ・タントラ』が説く一三通りの灌頂全体を通じておおむね共通しており、『真実摂経』で説かれているそれに準じたやり方が採用されている。誓誡《せいかい》・投華得仏《とうけとくぶつ》・瓶《びょう》による灌水など、主な要素は同経に含まれるものと基本的に変わりがない。

3　救済と延命

灌頂　『ドゥルガティパリショーダナ・タントラ』における灌頂の場合、2で見たような一般的な機能の他に、このタントラ固有ともいえる役割を有している。それは、悪趣に堕ちた、あるいは堕ちようとしている衆生を救済する手段としてのそれであって、要するに〝葬送儀礼・追善儀礼として執行される灌頂〟が規定されていることになる。

これは『浄化タントラ』第一章（『九仏頂タントラ』では第三章）で述べられているものであるが、行者は亡者の遺体があればそれと対面しながら、ない場合は亡者の容姿あるいは名前を書いたものを用意する。そして瞑想を深める中でそれらを対象として、新弟子に対するのと同様の手順で儀式を執行する。灌頂の場へ招かれた亡者は、マンダラの中へ導き入れられることによって仏の慈悲に基づく救済行に与ることとなり、悪趣との決別が果たされる。日本の真言宗で現在行っている引導作法と基本的な考えは同じである。

火葬　灌頂が葬送・追善儀礼に応用されることを述べたが、根本タントラではさらにもうひとつ、著名な密教儀礼の葬儀への応用が示されている。それは、二節で少し触れたように護摩儀礼を転用した一種の火葬法であって、火炉の底に根本（普明）マンダラの内院を描き、そこで遺体を荼毘に付すとともに諸尊への献供を行う。後に遺骨・遺灰を用いて仏像や仏塔を造り、それに対して一切悪趣浄化王の真言を念誦する、というものである。タントラ本文を見ても、また注釈書の説明からしても、これは先に述べた「灌頂による葬送」から独立して行うことのできる儀礼であって、葬儀のやり方として任意に選択が可能だったようである。

また「灌頂による葬送」における遺体がない場合と同じく、ここでも死者の名前を書いた紙などを遺体の代わりに用いることが可能であり、それを火炉で燃やすことが荼毘の執行と同等の意義をもつという。

追善　『ドゥルガティパリショーダナ・タントラ』はこの他にも死者の後生安楽を図って行う一種の念誦法を説いている。内容上追善供養に対応させ得るもので、一つは小さな仏塔を造り、中に死者の名前と一切悪趣浄化王の陀羅尼とを一緒に書いたものを封入して供養するもの。もう一つは一切悪趣浄化王陀羅尼を多数回唱えつづける、というものである。仏塔に書写した経典を納めて供養すること、および陀羅尼を繰り返し念誦することは、いずれも初期大乗仏教の時代から行われてきた伝統的な儀礼であり、それを一切悪趣浄化王陀羅尼と結び合わせることで持ち込んだものである。

延命長寿　無量寿マンダラに関連して説かれるのが、延命長寿を成就しようという儀礼である。図絵に描かれた本尊への供養とその呪文の読誦を中心とするが、描かれるのは同マンダラの中尊である金剛手ではなく、金剛寿命尊である。月輪《がちりん》の中に描かれる同尊は、装身具できらびやかに身を飾り、右手を施無畏印《せむいいん》に左手を与願印になしつつ、与願印の先端から甘露を滴らせている、という。さらに金剛寿命尊の前方には、合掌を頭の上に掲げ拝礼しながら同尊を見上げる行者の姿が描かれる。

本尊へ薫香・華・燈明・水・食物の五種類を捧げる供養を行ってから、「オーン、福徳において、福徳において、大いなる福徳において、無量の福徳において、無量の寿命と福徳・智慧の資糧を増やす者において、スヴァーハー」という心呪を一〇万辺唱える。そして満月の夜には特別の供養と徹夜の念誦を行う、という。

護摩　先に紹介した火葬法としての護摩の他に、第二章の「寿命成就マンダラ」の後で、左記のように四種羯磨に対応させた形式でも説かれている。

息災　悪趣で苦しむ衆生の罪障を滅し、そこから救済する。
　火炉　円形。中央に八輻の輪宝を描く。
増益　善趣に再生した衆生にさらなる安楽をもたらす。
　火炉　四角形。中央に宝珠の載った蓮華を描く。
敬愛　神々などを意のままに従わせ衆生の利益を図る。
　火炉　弓形。中央に弓矢の載った赤蓮華を描く。

降伏　衆生を害する障礙魔を駆逐する。

火炉　三角形。中央に九鈷杵と三鈷杵とを組み合わせた羯磨杵を描く。

各項で用いられる火炉の形やそこに描かれるシンボルは、他のタントラなどで説かれるものとほぼ共通しているが、その目的が衆生の悪趣からの救済とその利益という流れになっていることがわかる。特に息災において利益を与えようとする対象者（亡者）の肉や骨、その名前を書いた葉を燃やす規定があるため、先述の火葬や追善と等しい性格を備えた、それらと機能的に補完しあう儀礼であったと考えられる。

参考文献

SKORUPSKI, Tadeusz, *THE SARVADURGATIPARIŚODHANATANTRA*, Delhi, 1983.
乾　仁志「仏説大乗観想マンダラ浄諸悪趣経について」『印仏研』第三七巻二号、一九八九年
川﨑一洋「チャンパ・ラカン現存の悪趣清浄マンダラについて」『高野山大学大学院紀要』第五号、二〇〇一年
ロルフ・ギーブル「『抜済苦難陀羅尼経』雑考」『東方学』第八六号、一九九三年

7　『サーダナマーラー』

成就法の花環

奥山直司

一　シッダの時代

およそ八世紀後半から一二世紀にかけて、インド仏教界にはシッダ、すなわち成就者と呼ばれる宗教家が次々に現れて、インド仏教史上に「シッダの時代」とも呼ぶべき一時代を築いた。彼らこそインド後期密教を代表する実践者たちである。

シッダは仏教に限らない、インドの半神的聖者のカテゴリーの一つである。それはシッディ

（悉地《しつじ》）を得た者の意であるが、仏教ではこれを「最勝のシッディ」と、これに付随して獲得される「普通のシッディ」とに分けている。「最勝のシッディ」とは仏位の成就を意味し、マハームドラーとも呼ばれる。「普通のシッディ」とは八種シッディ（剣、眼薬、足薬、隠身、長寿薬、飛行術、魔歩術、堕地獄術）などの超自然的な成果、または能力の獲得を意味している。

アバヤダッタシュリーの作とされる『八十四成就者伝』（大谷五〇九一番）は、表題の通り、八四人の成就者たちの伝記である。インド密教の『黄金伝説』ともいうべきこの作品をはじめとする梵語、チベット語に残る伝記・史書類に登場するシッダたちの姿は、この時代の密教行者のさまざまな類型を奇跡と幻想の光彩の中に浮かび上がらせたものということができる。

彼らは、あるいは山野を行場とし、あるいは諸国に遊行を重ね、あるいは表向きは世俗の職業に従事しながら、「まさに今生において」仏位に到達することを夢見ていた。彼らにとって、シッディの獲得は、ひとえに神秘的な行の実践にかかっており、必ずしも教義の知的理解を前提とはしなかった。

各種の行者伝を繙けば、そこには狩猟民や漁夫、芸人など、カースト社会の底辺に暮らす目に一丁字《いっていじ》もない者たちが、信の一筋道によって成就を得る奇跡物語が称賛を込めて描き出されている。その一方で、学識はしばしば妄分別として成就の妨げと見なされる。学と行の両立はインド仏教の行者たちにとっても至難の業であったようである。であればこそ、彼らはこの両

1　八十四成就者のうちの十人を描いたチベットのタンカ　ハンビッツ文化財団蔵

者を二つながらに体得した者を学者（パンディタ）にして聖者（シッダ）、チベット語でケートゥプと呼んで尊んだ。

こうした行者伝の一例として、次に、梵語で書かれたアドヴァヤヴァジュラ（一〇世紀末〜一一世紀中葉）の伝記を紹介しよう。

二　アドヴァヤヴァジュラの物語

この伝記は『アマナシカーレー・ヤターシュルタ・クラマ（不作意に関する聞いた通りの次第）』の表題をもち、散文で綴られている。著者は不詳、写本の年代は一二、三世紀と見られる。その内容と付属の相承系譜から、これはアドヴァヤヴァジュラの高弟の一人で、ネパール・チベットにアドヴァヤヴァジュラの教えを伝えたヴァジュラパーニ系の伝承を筆録したものと考えられる。

アドヴァヤヴァジュラ、別名マイトリパは、いわゆる『アドヴァヤヴァジュラ・サングラハ（著作集）』（Gaekwad's Oriental Series No. XL）その他によって知られるインド後期密教の巨匠の一人である。にもかかわらず彼はシッダとは呼ばれず、したがって八十四成就者の中にも数えられない。その理由は、彼が生きている間にはシッディを成就できなかった人物と見なされていたためと思われる。その経緯も含めて、アドヴァヤヴァジュラの前半生を述べたこの伝記は、私たちにインド後期密教の行者たちが住んだ夢幻的世界の風光を垣間見させてくれる（この文献についての詳細は、奥山直司「ある聖者の伝説――アドヴァヤヴァジラ伝」《Amanasikāre Yathāśrutakrama》にみえる修行者像――」『インド思想における人間観』平楽寺書店、一九九一年を参照せよ）。

オーム、吉祥なるシャバレーシュヴァラに敬礼。

まさにここマドヤデーシャ（中部インド）のパドマ・カピラヴァストゥ大都城の近くにジャータカラニーという名の村があった。そこにナーヌーカという名のバラモン種の男とサードヴィーという名のバラモン女が住んでいた。しばらくして彼らにダーモーダラという名の男の子が生まれた。彼は一一歳ほどの少年のときにサーマ・ヴェーダを半分理解し、家を出てマルタボーダという名のエーカダンダとなった。それから後……（一語不明）、パーニニの文典を聴聞し、七年かけてすべての論書を学んだ。

冒頭の帰敬文《ききょうもん》にいうシャバレーシュヴァラ（シャバラ）は後に登場するアドヴァヤヴァジュラのグル（師）である。パドマ・カピラヴァストゥが中世インドに実在した町か、それとも古の釈迦族の都の名を借りた虚構かははっきりしない。アドヴァヤヴァジュラの出自については、これを王族とする説とバラモンとする説との二つがあり、右に示されたのは後者である。長じて彼はサンニヤーシン（俗世を放棄した修行者）となり、まずヒンドゥー教の学問を学んだ。エーカダンダ（杖を一本持つ者）とはサンニヤーシンの一種である。だがその後、彼は密教の大家として名高いナーローパーの門を叩き、その指導を受けるようになる。

それからナーロー御前（パーダ）のお側で二〇年間、論理学（プラマーナ）、中観《ちゅうがん》（マーディヤミカ）、波羅蜜道（パーラミターナヤ）等の論書を聴聞した。その後、真言道（マントラナヤ）の論書を熟知したラーガヴァジュラとともに五年間暮らした。その後、尊敬すべきグルである大学者ラトナーカラシャーンティ御前のお側で『無形象の確立』を一年間聴聞した。その後でヴィクラマシーラ（現在のビハール州東部バーガルプル県にあった大僧院）に行き、大学者ジュニャーナシュリーミトラ御前のお側でその論を二年間聴聞した。そこからヴィクラマプラ（東ベンガルの都市）に行き、正量部《しょうりょうぶ》（サンマティーヤ・ニカーヤ）でマイトリーグプタという名の比丘となった。そして経論律を四年間聴聞した。

彼はナーローパーの下での長い修行期間を終えた後も、各地を遍歴して優れた学匠たちの門を叩き、仏教の諸学を、いわゆる顕密にわたって幅広く修めている。また彼は上座部系の正量部で得度受戒して比丘となった。顕密に加えて律も併修したわけである。これはインド後期仏教の修行者たちのあるべき姿を示したものと考えてよいだろう。

彼が師事したとされるナーローパー、ラトナーカラシャーンティ、ジュニャーナシュリーミトラは、いずれもチベットの史書にいうヴィクラマシーラ大僧院の六賢門にも数えられるインド後期仏教の大立者たちである。ラーガヴァジュラについては不明であるが、ラーガをラトナの誤りと見るならば、やはり六賢門の一人に数えられるラトナヴァジュラに同定可能となる。

このうちラトナーカラシャーンティは、無形象知識説の立場を取る唯識派《ゆいしきは》の論師《ろんじ》であり、同時に密教にも通暁した、いわゆる顕密兼修の大学者の一人であった。後にアドヴァヤヴァジュラはこの師と意見を異にし、論争したと伝えられている。もっとも、ターラナータは、『カーバプドゥンデン』の中で、そのような言い伝えはインドにはないと断言し、ヒンディー語の格言らしきものを引いて、「チベット人のいうや犬どもの吠ゆるごと」云々と述べている。彼にとってはインド仏教の聖者、しかも師弟の関係にある者同士がいさかいを起こすなど、あるはずのないことだったのだろう。

確かにこのアドヴァヤヴァジュラ伝の作者が、アドヴァヤヴァジュラとラトナーカラシャーンティの関係をそのようにとらえていたならば、ラトナーカラシャーンティを「尊敬すべきグル」とは呼ばなかったかもしれない。もう一点、彼が法名をマイトリーグプタと名乗ったという記載は、チベット語資料に登場する彼の別名マイトリパの由来を示唆しているようで興味深い。

ともあれ、彼は長年にわたる研鑽の結果、大学者としての地位と名声を勝ち得ることができたにちがいない。だが内面の声は彼がそこに安住することを許さなかった。それは神的存在の幻影となって彼を訪れ、啓示を与える。こうして彼は僧院を出奔。真実のグルを探す旅が始まる。

それから五次第のターラーの口伝に従って、四印（羯磨印《かつまいん》・法印《ほういん》・大印《たいいん》・三昧耶印《さんまやいん》）の意味とともに真言を一〇万回唱えると、尊ぶべきお方（ターラー）が夢に現れて、「そなたはカサルパナ（西ベンガルの一村）に行きなさい」とお告げになった。

そこで彼は僧院を棄ててカサルパナに赴き、一年間滞在した。

するとまた夢で次のようなお告げがあった。

「良家の子よ、そなたはダクシナーパタ（南インド）にあるマノーバンガ・チッタヴィシュラーマ双山に行きなさい。そこにシャバレーシュヴァラがいます。彼がそこで［そなたを］摂受してくれるでしょう。またその道中でサーガラという者が［そなたと］出会うでしょう。その者はラーダ・デーシャ（西ベンガルの一地方）に住む王の息子です。彼とともに行きなさい」

前述のように、インド密教関係の伝記・史書類にはさまざまなタイプの行者が登場する。その彼らに共通する特徴の一つは、際立った幻視の体験者であるということである。神々や聖者たちの夢や幻が、彼らの人生にしばしば決定的な転機をもたらす。彼らは皆神々のイメージの操作術に長じた者たちであったが、同時にその幻に憑かれ、操られる存在でもあった。アドヴァヤヴァジュラもその例外ではない。

南インドにあるというマノーバンガ・チッタヴィシュラーマ山は、後出のように二つの峰がつながった双子山としてイメージされている。それは、プトゥンの『サンヴァラ・タントラ総説』（東北蔵外五〇四二番）によれば、シュリーパルヴァタ（吉祥山）の異名である。シュリーパルヴァタは、密教者ナーガールジュナ（龍樹）が晩年を過ごし、またその弟子シャバラが鹿狩人の姿で住んだとされる山である。

西に行くとサーガラに出会った。［しかし］ウドラ・デーシャ（オリッサ地方）の果てでもマノーバンガ・チッタヴィシュラーマの風聞を耳にしなかった。［そこで］シュリーダーニヤ（アンドラ地方のダーニヤカタカ）に行き、一年間滞在した。その後、ウドラ・デーシャに戻り、自身加持ターラーの成就に着手した。一ヵ月かかって夢［のお告げ］があった。「良家の子よ、そなたは行きなさい。西北の方角に双山はあります。一五日で至るでしょう」

女尊のこの言葉に従い、彼は大勢の者たちとともに西北の方角に進んだ。行き着いた果てに一人の男が［現れて］いった。

「最後の日に、つながったマノーバンガ・チッタヴィシュラーマに着くでしょう。そこで楽しくお暮らしなさい」

これを聞いて学者先生（アドヴァヤヴァジュラ）は喜んだ。翌日［双山に］着いた。彼はその山の上で毎日一〇個ずつマンダラを作った。球根や木の根や実を食べて、一〇日の間、岩の上に結跏趺坐《けっかふざ》し、心を一点に集中して布薩《ふさつ》に励んだ。七日目に夢を見た。［だが］一〇日目には［自分の］喉を掻き切ろうとした。その瞬間、目の前に［シャバラの］ヴィジョンが現れて、［彼に］灌頂《かんじょう》を授けた。彼はアドヴァヤヴァジュラとなった。

グルは、アドヴァヤヴァジュラが今生においてグルと巡り合う望みを絶って自殺をはかろうとした、まさにその瞬間に彼の目前に立ち現れた。しかもこの世のものならぬヴィジョン（ダルシャナ）として。アドヴァヤヴァジュラは霊山の頂でグルを幻視し、時空を超えてその教えを感得したのである。

一二日間に、五次第に基づいて『四印［の教誡］』（アドヴァヤヴァジュラの著作とされる）等の注釈が作られた。さらにまた、彼は教誡に従って五日の間、一切諸法を手本にしてヴィーナーを奏した。そこでパドマーヴァリーとジュニャーナーヴァリー（この二人はシャバラの大印〔マハームドラー〕。大印とはこの場合、修行者の女性パートナー）が、『お前は殺生などの幻を現してみよ』というシャバレーシュヴァラによる命令を伝えると、たちどころにサーガラは［化］身の顕現を現した。

学者先生はいった。

「尊師よ、私は少しも［化］身の顕現を作り出すことができません」

「［それはお前に］分別が生じているからだ』とシャバレーシュヴァラは答えた。

学者はいった。

「ではどうしたらよいのでしょうか。先生、私に教えて下さい」

シャバラ王は告げた。

「お前は今生ではシッディを得られない。説法と解説を行え」

アドヴァヤヴァジュラはいった。

「尊師よ、私は［それすら］できません。どうしたらできるでしょうか」

シャバラはいった。

「ヴァジュラヨーギニー（金剛瑜伽女《こんごうゆがにょ》）の教誡のおかげで、お前は今生で［それを］行い、そして果を得るであろう」

ここでその教誡を［しかじかと］説いた後、尊者様は身を隠された。

これは弓でも鹿でも猪《しし》の子でもなく、
これは満月の如き顔《かんばせ》の美女でもない。

化身を化作することを願う者のために、
シャバラ王は山上に住する。


同伴者サーガラがいち早く「験」を得たのに対して、アドヴァヤヴァジュラはこの最も重大な局面において最勝のシッディの獲得を拒絶される。この間の師弟のやりとりは必ずしもわかりやすいものではないが、その意味するところはおよそ次のようなものであろう。衆生を利益するために化身を現出する能力はシッダたることの証である。この場合、それがことさらに殺生に結び付けられているのは、シャバラが日頃、鹿狩人として殺生を生業《なりわい》にしているためと思われる。実はそれはすべてシャバラが現した幻であり、鹿の殺戮は分別の滅の寓意に他ならない。だがアドヴァヤヴァジュラは、自らの分別に惑わされてその真意をつかみきれず、かえってグルに不信の念を起こし、その結果、この世でシッディを得る好機を逸してしまう。そこでグルが彼に与えたのは、命ある限り世間の枠内に留まって自らが伝授された教えの伝道に努め、その果として、ターラナータが『カーバプドゥンデン』に記すところによれば、中有において最勝のシッディを得る道であった。そして彼を補佐するために、ターラーに代わってヴァジュラヨーギニーが新たに彼の守護尊に任命されるのである。

グルが消えた後、アドヴァヤヴァジュラは山を下り、かつて自らが学んだ仏教学の殿堂ヴィクラマシーラへ、今度はヴァジュラヨーギニーに加持された伝道者として乗り込むことになる。しかし残念なことに、この物語はここで終わり、巻末の一偈が余韻を漂わせるのみである。

三 『サーダナマーラー』の成立と伝播

さて、インド後期密教の行者たちが好んで修した行法に成就法（サーダナ）がある。それは行者（サーダカ）が特定の尊格を対象にして行う瞑想を主体とする行法であり、簡単にいえば、特定の仏を祈り出す方法である。

成就法には、作者名の明記されているものもあれば、そうではないものもある。だがいずれも本来は、シッダと呼ばれるような大行者を祖とする師資相承《ししそうじょう》（グルパランパラー）の系譜を通じて、師から弟子へ、弟子からまたその弟子へ、彼らが好んだ表現を用いれば、「耳から耳へ、口から口へ」と秘密裡に口授伝承されていたものと考えられる。こうして伝えられてきたテキストがやがて文字に定着し、さらに大小の成就法集が編まれるようになった。

ここで取り上げる『サーダナマーラー』（成就法の花環）、別名『サーダナサムッチャヤ』（成就法集）もそうした成就法集の一つである。これは、梵語で綴られた成就法集としては現存する最大のものであり、後述するB・バッタチャリヤの校訂本では、成就法とこれに関連するストゥティ（讃）、ダーラニー（陀羅尼）、そして各種の儀軌が実に三一二種も集められている。

そしてそれらの文献は対象となる尊格ごとにグループ分けされている。その尊格は如来に始まり、観音・文殊などの菩薩、不動・ヘールカ・ヤマーンタカなどの忿怒尊、ターラーをはじめとする女尊と実に多種多様で、インド後期仏教のパンテオン（万神殿）を一望するような趣がある。

この大部の書はB・バッタチャリヤによって校訂出版された。

Benoytosh Bhattacharyya, ed., *Sādhanamālā.* 2 Vols. (Gaekwad's Oriental Series Nos. 26, 41), Baroda, 1925–28.

『サーダナマーラー』の梵文写本は世界各地に三〇数本の存在が確認されるが、そのうちで最古の年紀をもつものは、一一六五年に書写されたケンブリッジ大学図書館所蔵のネパール写本（Bendall 目録 Add.1686）である。この写本は、後述の『サーダナシャタカ』とともに影印出版された。

Gudrun Bühnemann, **Sādhaśataka and *Sādhanaśatapañcāśikā, Two Buddhist Sādhana Collections in Sanskrit Manuscripts*. Wien : Universität Wien, 1994.

ただし、この写本には成就法等の文献が一三八種しか含まれていない。それがどのようにして校訂本に見られるような大部の書に発達したかについては、すぐ後に述べる。

『サーダナマーラー』の漢訳は発見されていない。これに対して、チベット語訳は二種現存している。一つは、インド人学僧アバヤーカラグプタ（一一世紀後半〜一二世紀前半）が指揮を執り、彼を含めた複数のインド人学者とチベット人パツァプ・ツルティムギェルツェンが翻訳したもので、『百成就法集』と呼ばれている（東北三一四三―三二〇四番）。アバヤーカラグプタは、ブッダガヤーの金剛座、ナーランダー大僧院、ヴィクラマシーラ大僧院の院長を務めた当時のインド仏教界の大立者の一人であった。彼はインド人、チベット人の弟子たちの協力を得て、自らの著作を中心に、十数種の文献をチベット語に翻訳しており、『百成就法集』はその中の一つである。

もう一つのチベット語訳は、アバヤーカラグプタが没してからおよそ一五〇年後に、彼より数えて五代の相承を経てチベットのサキャ寺に伝えられた梵文原典を、中央チベット、ヤルルン出身の翻訳官タクパギェルツェンが、サキャ寺の座主ダルマパーラらの外護を受けて一二八六年に訳了したもので、『成就法集』(サーダナサムッチャヤ)、または『成就法の大海』と呼ばれている(東北三四〇〇―三六四四番)。

このうち『百成就法集』には成就法等の文献がチベット大蔵経デルゲ版で一六二含まれている。ところが『成就法の大海』では、収録された文献の数が二四五にも膨らんでおり、その配列も『百成就法集』とはいくらか異なっている。さらに、ターラナータが編集した『成就法の大海』の補遺(大谷五一七七番)によれば、一四二六年にインドからチベットにやってきた「最後のパンディタ」ヴァナラトナ(一三八四―一四六八)は、三〇〇余の成就法を含む『成就法の大海』の写本を所持していたという。時代が下るにつれて、収録された文献の数が次第に増え、バッタチャリヤ本の三一二に近づいてゆく様が看て取れよう。このような傾向は、『サーダナマーラー』の梵文写本同士の比較からも窺い知ることができる。

つまり、『サーダナマーラー』は流伝の過程で文献が漸次増補されて膨大なものに成長していったのである。文献の増補は、多くの場合、特定の尊格グループに同種の文献が新たに加えられるという形でなされた。

それでは、その原型となった『サーダナマーラー』はいつ頃、誰の手によって作られたのかといえば、それはおよそ次のように考えられる。

一一世紀後半、『サーダナシャタカ』(百成就法集)という成就法集が現れた。サキャ寺の二代目の座主を務めたバリ・リンチェンタク(一〇四〇—一一一一頃)は、若い頃、アティーシャに勧められてインドに赴き、ブッダガヤーの金剛座でアモーガヴァジュラ、またはドルジェデンパ(金剛座の人)と名乗る人物からこの成就法集を伝授されて、それをチベット語に翻訳した。この翻訳(東北三三〇六—三三九九番)は『バリの百成就法集』と呼ばれ、当然のことながら、サキャ派で重視された。

アバヤーカラグプタは、この『サーダナシャタカ』等に基づいて新たな成就法集を編んだ。これが『サーダナマーラー』である。彼は新たな成就法を追加するとともに、既存の成就法のテキストに細かく修正を加えたと見られる。こうして編集した成就法集を、アバヤーカラグプタ自身がインド人、チベット人の協力によってチベット語に翻訳したことは前述の通りである。『百成就法集』の奥書によれば、翻訳の原本はアバヤーカラグプタの「御本」であった。

このようにして一一世紀後半以来、チベット語に翻訳された各成就法集、すなわち『バリの百成就法集』、アバヤーカラグプタの『百成就法集』、そしてその増補版である『成就法の大海』は、チベット仏教のパンテオンの発達に多大な影響を及ぼしていった。

たとえば、パンチェン・ラマ四世(一七八二—一八五三)は『成就法の大海』に基づいて大成就法集『リンヘン』を編んだ。さらに一九世紀初頭には『リンヘン』に基づいて図像集『リンジュン』（『五百尊像集』の一部）が作られた。また『成就法の大海』は、中央チベットのギャンツェにある著名な大仏塔パンコル・チョルテン（一五世紀前半）にも、内部壁画の有力な典拠の一つとして活用されている。

さて、成就法には成就の対象となる尊格の図像に関する記述が含まれている。そのため成就法の一大集成である『サーダナマーラー』はインド仏教の図像資料の宝庫でもある。バッタチャリヤは、アバヤーカラグプタの『ニシュパンナヨーガーヴァリー』とともにこの『サーダナマーラー』を主たる資料として、彼の「インド仏教図像学」を確立した。その記念碑的著作が次の書である。

B. Bhattacharyya, *The Indian Buddhist Iconography*. London, 1924.

彼の研究は今日に至るまで多大な影響を与えているが、彼が用いた二大ソースが、いずれもアバヤーカラグプタという一一、一二世紀に東インドで活動した一人の仏教学者を通過したものであることには注意が必要である。

マルマンもまた『サーダナマーラー』を主要な資料の一つとしてインド仏教の図像研究を進めた。その成果の一つが、参照に便利な次の著作である。

Marie-Thérèse de Mallmann, *Introduction à l'iconographie du tântrisme bouddhique*. Paris, 1975.

他にも『サーダナマーラー』とこれに含まれる文献については実に多くの研究が積み重ねられているが、一々の紹介は省略する。

ちなみに、チベットで発見された『サーダナシャタカ』の梵文写本を影印出版したものに、先にも挙げたビューネマンの出版（**Sādhanaśataka and *Sādhanaśatapañcāśikā*）がある。

またヴァジュラヴァーラーヒー（金剛亥母《こんごうがいも》）、またの名をヴァジュラヨーギニーの成就法と関連文献を集めた『ダーキニー・グヒヤサマヤ・サーダナマーラー』（ダーキニー秘密三昧耶の成就法の花環）は、その名の通り、第二の『サーダナマーラー』とも呼ぶべき作品であるが、近年その研究書が出版された。

Elizabeth English, *Vajrayoginī, Her Visualizations, Rituals, and Forms.* Boston, 2002.

四　成就法の瞑想世界

成就法にも、さまざまなタイプがあることが指摘されている。だがその多くが類似した形式を取っていることもまた事実である。成就法のテキストは、①帰敬文、②準備、③諸尊の招請と供養、④空性の修習《しゅじゅう》、⑤サマヤサットヴァ（三昧耶薩埵《さんまやさった》）の生起《しょうき》、⑥ジュニャーナサットヴァ（智薩埵）の招入、⑦文字布置《ふち》、⑧真言念誦《しんごんねんじゅ》、⑨その後の活動、⑩表題と著者名などのパートからなる。

成就法の核心は、⑤において仮の尊格であるサマヤサットヴァを入念に観想して、これと自分自身とを不二一体のものと観じ、⑥において真実の尊格であるジュニャーナサットヴァを招き寄せて、これと合一する過程である。このような行者＝サマヤサットヴァ＝ジュニャーナサットヴァの二重の結合によって、行者は、ジュニャーナサットヴァの本性である究極的実在との融合を果たす。これが成就法における人間と究極的実在との神秘的合一である。

成就法の一例として、以下には、第二節でその伝記を見たアドヴァヤヴァジュラに帰される『ヴァジュラヴァーラーヒー成就法』（『サーダナマーラー』二一七番）の和訳を掲げる。ただしそのテキストにはチベット語訳その他を参照していくらかの訂正を加え、パートに区分して見出しを付した。

なお頼富本宏・下泉全暁『密教仏像図典　インドと日本のほとけたち』（人文書院、一九九四年）には、アヌパマラクシタに帰される『幾分詳しいターラー成就法』（『サーダナマーラー』九八番）を例にした成就法のわかりやすい解説があるので、あわせて参照されたい。

①帰敬文

ヴァジュラヴァーラーヒーに敬礼。

②準　備

ヨーガ行者は早朝に起きて、口を漱《すす》ぎなどしてから、サマヤ食（儀礼時に食する食物の一種）の丸薬を口に含み、山の洞窟等の心地よい場所においてヴィシュヴァヴァジュラ・アーサナで坐し、

③諸尊の招請と供養

アーリとカーリ（母音と子音の字母）を三度唱えてから、「われはヴァジュラヴァーラーヒーとなり、一切の有情をもその姿になさん」と決意し、自らの心臓の中の蓮華と日輪の上に赤いヴァム字を観想すべきである。それから生じた、劫の終末期の火のように抗い難い赤い光線によって、アカニシュタ（色究竟《しきくきょう》）天にいるヴァジュラヴァーラーヒー――彼女はこれから説明する身色と腕と持物をもっている――と諸々の師・仏・菩薩たちとを招いて眼前の虚空中に住せしめ、心臓の光から生じた供養によって供養してから、彼らの前で罪を懺悔《さんげ》し、福徳を喜び、福徳を廻向し、三つの避難所（三宝《さんぼう》）に帰依し、菩提心を発《おこ》す等の［七種無上供養］をなしてから、四梵住《しぼんじゅう》（慈・悲・喜・捨）を修習し、

④空性の修習

それより「オーム、われは空性智金剛《くうしょうちこんごう》を自性《じしょう》とする者なり」という真言の意味を会得しつつ、前世の請願の力によって、瞬時に、移ろうべき姿で住すべきである。

⑤サマヤサットヴァの生起

三昧より出て、虚空に四大（地・水・火・風）輪（マンダラ）を上へ上へと観ずるべきである。［すなわち］ヤム、ラム（RAM・）、ヴァム、ラム（LAM・）が変化した、弓形、三角形、円形、四角形の黄色、青色、赤色、白色をした［四大輪］を。その上にスム字から生じたスメール（須弥山《しゅみせん》）を思念すべきである。［スメールは］四角く、四宝からなり、八つの峯によって飾られている。その上に、

オーム、地よ、金剛となれ、外郭輪よ、フーム。
オーム、金剛墻《しょう》よ、フーム、ヴァム、フーム。
オーム、金剛籠よ、フーム、パム、フーム。
オーム、金剛蓋《がい》よ、フーム、カム、フーム。
オーム、金剛矢網よ、トラーム、シャム、トラーム。
オーム　金剛火炎日輪よ、フーム、フーム、フーム。

2　ヴァジュラヴァーラーヒー・マンダラの一種　チベット／ハンビッツ文化財団蔵

これらの真言によって、金剛地をはじめとする六つのものを造り、その内部に方形等の特徴を完備した楼閣を念じ、その中央に赤いパム字から生じた八葉の蓮華を［観じ］、その蘂の上にアーリとカーリが変化した月輪と日輪が合わさったものを［観じ］、その中心に赤い金剛杵の中に入った赤いヴァム字を自性清浄光明として観ずべきである。

これらすべてを変化させて、自分自身を女尊ヴァジュラヴァーラーヒーとして修習すべきである。［ヴァジュラヴァーラーヒーは］石榴の花に似た色をしており、二臂を有し、右手で金剛期剋印を結び、左手でカパーラとカトヴァーンガ杖を持ち、一面三眼で、髪の毛を振り乱し、六つの印（頸飾り、首飾り、宝石、金帯、灰、聖紐《せいちゅう》）で身を飾り、裸で、五智よりなり、倶生《くしょう》歓喜《かんぎ》（サハジャアーナンダ）を本性とし、展左勢を取った足でバイラヴァとカーララートリーを踏みしだき、生首の首飾りで身を飾り、流れる血を飲んでいる。

同様に東をはじめとする［四方の］四葉には順に左回りで、青黒いダーキニー、緑のラーマー、赤いカンダローハー、白いルーピニーを観想すべきである。彼女たちは一面四臂で、左手にカトヴァーンガとカパーラを持ち、右手にダマルとカルトリを持ち、三眼で、髪の毛を振り乱し、裸で、展右勢を取り、五つの印で身を飾っている。

また四隅の［四］葉には菩提心等によって満たされた四つのカパーラを観想すべきである。

⑥ジュニャーナサットヴァの招入

その後、女尊の心臓の種子から発せられた光によって、ジャハ字でジュニャーナ輪（ジュニャーナサットヴァのマンダラ）を招き寄せ、フーム字で［行者］自身であるサマヤ輪（サマヤサットヴァのマンダラ）の中に、水に水を入れるように入れ、ヴァム字で縛し、ホーホ字で喜ばせるべきである。

⑦文字布置

それからブルーム、フーム、カム、アーハ、ダーム、ダム［の六］字によって、六処を清めるべきである。六人の女神たちによって浄化された真言句によって女尊（ヴァジュラヴァーラーヒー）を鎧うべきである。［すなわち］オーム、ヴァムを臍《へそ》に、ハーム、ヤームを心臓に、フリーヒ、モームを口に、フレーム、フリームを額に、フーム、フームを頭頂に、パット、パットを全身に衣服として［布置すべきである］。それから女尊の身語心の位置にオーム、アーハ、フームという［真言を］置くべきである。

⑧真言念誦

禅定に疲れたら真言を念誦すべきである。そこでの真言は、オーム、ヴァジュラヴァイローチャニーイェー、フーム、フーム、パット、スワーハーである。

⑨その後の活動

三時（夜明け、正午、日没）にまずバリ供養をなしてから女尊を修習すべきである。「女尊を」修習しつつ、常に女尊の姿で活動すべきである。

⑩表題と著者名

以上、『ヴァジュラヴァーラーヒー成就法』を終わる。これは大パンディタにしてアヴァドゥータ（行者の一種、タントラの身体論における中央脈管アヴァドゥーティーに関連づける見方もある）である吉祥アドヴァヤヴァジュラ・パーダの作である。

右に見るように、成就法の瞑想世界は光線の飛び交う、めくるめくヴィジョンの世界である。そこでは種子《しゅじ》真言が次々に変成して聖なる場と聖なる仏たちとを産み出してゆく。このようなイメージ操作を通じて、インド密教の修行者たちは、「水に水が」混じるように仏と不二一体となり、自ら仏であることの実感を獲得しようと努めたのである。

8 アバヤーカラグプタの密教儀軌三部作と『阿闍梨所作集成』

インド密教儀礼の集大成

森 雅秀

一 チベット美術展のマンダラ図

一九九一年にアメリカ合衆国で、大規模なチベット仏教美術展が開催された。「智慧と慈悲」(Wisdom and Compassion) と名付けられたその展覧会には、世界各地からブロンズ像やタンカ(チベットの仏画) の優品が集められ、その規模と作品の質の高さは、それまでに類を見ないものであった。展覧会にあわせて、展示品についての解説書も刊行された。展覧会の名称と同じ

『智慧と慈悲』のタイトルをもち、総ページ数四〇五、ハードカバーで厚さ約四センチにもなる大部の書である。

このときの展示品の中に「ヴァジュラーヴァリーの四種のマンダラ」というタンカが含まれる。解説書の第七三番としてあげられていたこの作品は、その名のとおり、四つのマンダラを一枚に画布に美しく描いたものであった（図1）。

四種のマンダラの具体的な名称は、パンチャラクシャー（五守護陀羅尼《ごしゅごだらに》）、ヴァスダラー、グラハマートリカー、仏頂尊勝《ぶっちょうそんしょう》の各マンダラである。タイトルの前半にある「ヴァジュラーヴァリー」（vajrāvalī）というのは、インド後期密教を代表する学僧のひとりアバヤーカラグプタ（一一世紀〜一二世紀）によるマンダラ儀軌《ぎき》の名として知られている。この文献にもとづいて、四種のマンダラがタンカに描かれていることがわかる。

しかし、不思議なことに、実際に「ヴァジュラーヴァリー」のどこを見ても、四種のマンダラのうち、パンチャラクシャーをのぞく三種のマンダラについての記述は見あたらない。「ヴァジュラーヴァリー」には説かれていないにもかかわらず、それを「ヴァジュラーヴァリーのマンダラ」と呼んでいるのである。

アメリカ合衆国で開催された「智慧と慈悲」の展覧会は大好評を博し、イギリスやドイツを巡回し、日本でも東京都、山口市、千葉市の三カ所で開催された。筆者も会場を訪れ、このタ

1　ヴァジュラーヴァリーの４種のマンダラ
チベット／©Zimmerman family collection

ンカを実見する機会を得た。しかし、このタンカがなぜ「ヴァジュラーヴァリーの四種のマンダラ」と呼ばれるかについては、作品を前にしても依然として不明のままであった。しかも、このタンカをよく見ると、「ヴァジュラーヴァリーの一四番目の絵画」という銘文が作品の上端に記されていることも知った。これも謎を深めた。なぜなら、『ヴァジュラーヴァリー』に唯一含まれるパンチャラクシャー・マンダラは、『ヴァジュラーヴァリー』に説かれるマンダラの中では一四番目などにはあげられていないからだ。後述するように、『ヴァジュラーヴァリー』には二六種（ないしは四二種）のマンダラが解説されているが、どんな数え方をしても、一四番目のマンダラは別のマンダラだった。

二　深まる謎

展覧会の解説書『智慧と慈悲』には、この作品の四つのマンダラのうち、『ヴァジュラーヴァリー』に含まれない三種については、典拠となる文献が『ヴァジュラーヴァリー』ではなく『阿《あ》闍《じゃ》梨《り》所《しょ》作《さ》集《しゅう》成《せい》』(Ācāryakriyāsamuccaya) であることが明らかにされている。また、これらのマンダラの記述に合致する文献として、チベットのゲルク派の高僧チャンキャ（?—一七一三）による儀軌にも言及していた。

しかし、これで問題が解決したかといえば、まったく逆である。『ヴァジュラーヴァリー』のマンダラに『阿闍梨所作集成』のマンダラを加える必然性は明らかにされていないし、作品の典拠にチャンキャの文献をもってくることもおかしなことだからである。後者については説明が必要であろう。このマンダラ図は画中に記された銘文から、一五世紀にサキャ派の有力寺院であるゴル寺で、クンガサンポの依頼を受けて制作されたことが確認できる。クンガサンポというのはゴル寺を中心としたサキャ派の一派であるゴル派の開祖である。一方のチャンキャは一七世紀から一八世紀に活躍した人物である。作品の成立したおよそ三〇〇年後に著された文献を、作品の典拠とすることは理解できない。日本でいうならば、室町時代の絵画の典拠に、江戸時代中期の文献をあげているようなものである。さらに、もうひとつの謎であった「一四番目の絵」が意味するところについても、図録の解説者は口をつぐんでいる。どのような数え方をすれば、このマンダラが「一四番目」となり、それ以外の番号には何が対応しているのかがわからなければ、作品を説明したことにはならない。

ところで、展覧会場を訪れたことで、解説書ではふれられていない二つの事実に筆者は気がついた。ひとつは、作品に記された「ヴァジュラーヴァリーの一四番目の絵画」という銘文の後ろに、「吉祥あれ」(subhaṃ) という語があったことである。これはインドやチベットの文献にしばしば見られる表現で、巻末の締めくくりのことばとして現れる。つまり、この「一四番目の絵画」は一連の作品の一番最後に位置づけられ、セットの全体は一四点で構成されていることを示している。

もうひとつは、同じ展覧会場に展示されていた別のマンダラの銘文に、類似の表現として「ヴァジュラーヴァァリー」の一一番目の絵画」という銘文が記されていたことである（図2）。この作品は一九九一年版の解説書には収録されていなかったが、同展が世界中を巡回するうちに加えられた作品のひとつで、日本の展覧会での図録や、英語の増補版には掲載されていた。

問題の「四種のマンダラ」とこの作品とを比較すると、様式にかなりの違いがあり、他の銘文からも一六世紀の作であることから、同一のセットの一部ではないことは明らかであった。しかし、制作年代が異なるだけで、セットを構成するマンダラの内容は同一であることが予想された。この「一一番目の絵画」に描かれていたのはカーラチャクラ・マンダラで、しかも四種ではなく一種のみであった。

ここで再び順番についての謎が加わった。なぜなら、『ヴァジュラーヴァァリー』の中でカーラチャクラ・マンダラは、同書に説かれるすべてのマンダラの中では特殊なものと見なされ、その最後に位置づけられているからだ。つまり、『ヴァジュラーヴァァリー』のシステムに従うならば、このマンダラにこそ、もっとも大きな番号が与えられなければならないはずなのである。しかし、実際には一四点中の一一番であり、最後の位置を占めているのは、『ヴァジュラ

2　カーラチャクラ・マンダラ　チベット／個人蔵

ーヴァリー』ではカーラチャクラ・マンダラよりも前に説明されるパンチャラクシャー・マンダラや、『ヴァジュラーヴァリー』に含まれてさえいない三種のマンダラだったのである。

三　マンダラ儀軌『ヴァジュラーヴァリー』とは

ここであらためて『ヴァジュラーヴァリー』という文献について詳しく述べることにしよう。『ヴァジュラーヴァリー』がアバヤーカラグプタによって著された大部のマンダラ儀軌であることはすでに述べたが、同一作者によるマンダラ観想の手引書『ニシュパンナヨーガーヴァリー』(Niṣpannayogāvalī)、護摩《ごま》に関する儀軌『ジュヨーティルマンジャリー』(Jyotirmañjarī)とともに三部作を構成している。

チベットの歴史書『青冊史』によれば、アバヤーカラグプタ(図3)はこれらの文献を、彼が信奉していたヴァジュラヨーギニー(あるいはヴァジュラヴァーラーヒー)という女尊に慫慂されて執筆したという。熱心にヴァジュラヨーギニーを瞑想していた彼の前にこの女尊が現れ、彼の努力をたたえた上で、今生では自分との成就を得ることはかなわないが、そのかわりに、マンダラ儀礼についての著述をするようにと命ぜられたという。実際、『ニシュパンナヨーガーヴァリー』と『ジュヨーティルマンジャリー』のチベット語訳テキストの奥付には、この女

3　アバヤーカラグプタを描いたチベットのタンカ

尊に加持されてこれらの書が執筆されたと記されている。

『ヴァジュラーヴァリー』にはこのような記述は含まれないが、かわりに冒頭の帰敬偈《ききょうげ》の中に、著者自身のことばで『ヴァジュラーヴァリー』執筆の動機が示されている。それによれば、アバヤーカラグプタの時代にはマンダラに関する儀礼がさまざまな形で伝えられ、実践されているが、それらは相互に一致しないばかりか、矛盾するものさえある。そこで彼は、可能な限りこれらを集めた上で、ひとつの方法としてまとめなおし、この書の中でそれを示すという。

アバヤーカラグプタの生きた一一世紀末から一二世紀初頭というのは、インド密教史上でも最も後期に属し、初期密教から後期密教にいたるすべての文献が出そろった時代である。インド密教の最後を飾る『カーラチャクラ・タントラ』が成立したのも、彼が生きた時代の半世紀以上前のことで、それ以降、主要な経典はほとんど誕生していない。アバヤーカラグプタがなした重要な仕事は創造や革新ではなく、統合と整理であった。これは『ヴァジュラーヴァリー』などの三部作執筆の基本的な姿勢でもある。

三部作の中心を占めるのが『ヴァジュラーヴァリー』で、その分量はサンスクリット写本で一〇〇葉から一三〇葉程度、チベット訳では北京版で一一五葉である。インドの密教儀礼に関する文献の中では、最も浩瀚なもののひとつにあげられる。量ばかりではなく内容も重要で、後世のチベット密教では、スタンダードな儀礼文献として重視された。それはたとえば、ゲルク派の開祖ツォンカパが、主著のひとつ『真言道次第《しんごんどうしだい》』を著すにあたり、儀礼解説の部分はもっぱら『ヴァジュラーヴァリー』をベースにして論を進めていることからも知られる。

三部作を構成する他の二文献の分量については、『ニシュパンナヨーガーヴァリー』が『ヴァジュラーヴァリー』の約六割、『ジュヨーティルマンジャリー』が一割強程度に相当する。量の上でも『ヴァジュラーヴァリー』が根幹をなし、他の二諸作がその補完的な位置にあることは明らかである。このような三部作の相互の関係は、著者自身も『ヴァジュラーヴァリー』の中で明記している。

『ヴァジュラーヴァリー』の全体は「五〇儀軌」で構成されている。この場合の「儀軌」とは、ある程度のまとまりのある儀礼の単位を意識した語で、アバヤーカラグプタ自身が『ヴァジュラーヴァリー』のはじめに、これらの名称を目次のように列挙している。しかし、これらの「五〇儀軌」は『ヴァジュラーヴァリー』が五〇種類の儀礼を解説した、儀礼の百科事典のような文献であることは意味していない。また、これらの五〇儀軌に従って、そのすべてを順番に行うことも意図していなかった。

『ヴァジュラーヴァリー』の内容を読解していくと、これらの儀軌はさらに大きないくつかのまとまりを構成することがわかる。全体の大半を占めるのはマンダラの制作（五〇儀軌の五〜一五）、仏像等の完成儀礼（同一六〜一九）、弟子の灌頂儀礼（同二〇〜四四）という三つの大きな儀式である。このうち、あとの二つは共通の方法を多く共有していることから、類似の儀礼と見なすことができる。仏像等の完成儀礼とは、仏像等のいわゆる入魂や開眼の儀礼であり、もう一方の灌頂の儀礼も、弟子を仏にするというのが、その本来の目的である。物質である仏像や、人間である弟子という「俗なる存在」を、仏という「聖なる存在」に転換する「聖別の儀式」と呼ぶこともできる。

『ヴァジュラーヴァリー』の三つの大きなトピックのはじめにおかれる「マンダラの制作儀礼」は、これらの聖別の儀式で用いられるマンダラを準備するプロセスである。この場合のマンダラとは、地面の上に輪郭線を引き、色の付いた粉などでその線に従って彩色し、仏を表すシンボルをさらにそこに描くことで作られたものである。

このようなマンダラは日本密教では伝統的に「土壇曼荼羅《どだんまんだら》」と呼ばれるが、実際には作られることはなかった。むしろ、チベット密教の「砂マンダラ」が、これを忠実に受け継いでいる。日本ではマンダラとは軸装の仏画としてとらえられることが一般的であるが、インド密教の文献でマンダラといえば、このような彩色のマンダラを指すことが多い。礼拝用の仏画ではなく、儀礼の装置として制作され、儀礼の終了とともに壊され、廃棄された。

仏像等の完成式や弟子の灌頂儀礼でマンダラが用いられたのは、これらの儀式において「仏になる」ことによる。仏像等として表された仏や、弟子がなるべき仏の姿は、マンダラの中心に描かれた仏に一致する。これらの儀式の中で、いわば目標とされる仏の姿と、その居城こそがマンダラに描かれた「仏の世界」に他ならない。

灌頂の儀式の中でマンダラを前にした弟子の中に、灌頂の進行を司る阿闍梨が、その仏を「降臨」させ、マンダラを見た弟子は、その中心に描かれた仏こそが、自分自身であることを自覚する。灌頂とは国王即位儀礼に範をとったといわれるが、国王として即位し、王城の玉座に着いた状態がマンダラに描かれた内容である。ただし、灌頂そのものは国王即位儀礼というよりも、その一歩手前の立太子の儀式に対応させる方が適切である。弟子は灌頂において、仏になる直前の最後の生涯を送る菩薩（不退転の菩薩）となるからである。

『ヴァジュラーヴァリー』の五〇儀軌には、これら三つのトピックに含まれないものもある。はじめの四種の儀軌とおわりの六種である。これらはいずれも補足的な説明の部分で、中心となる三つの儀礼の中で繰り返し行われるような儀礼に相当する。たとえば、アルガ（閼《あ》伽《か》）儀軌とは、仏などの供養法として水を奉献する方法で、実際にマンダラ制作や灌頂などの一連の儀礼において、何度も行われる。第四八儀軌のバリは、下級神に対する施食の儀礼で、主要な儀礼のはじめやおわりにしばしば実施される。五〇儀軌の最後の「金剛杵と金剛鈴の特徴と保持」は、阿闍梨や弟子が手にする仏具であるこれら二つについて、大きさや形態、そこに描かれる仏などを説明する。

第四五儀軌の護摩も同様で、中心となる儀礼のかたわらで、儀式を行う上での障害や災厄を取り除くために頻繁に行われた。ただし、『ヴァジュラーヴァリー』の護摩儀軌は護摩の火炉を説明するのにとどまり、具体的な方法についての解説は、三部作の中のひとつ『ジュヨーティルマンジャリー』にゆだねている。

	内　　容
1	序論
2	本論
2.1	外護摩儀軌
a)	火炉論
b)	供養物論
c)	燃料論
d)	大杓・小杓論
e)	成就者論
f)	アルガ論
g)	配置論
h)	火論
i)	神々を満足させる論
2.2	意護摩儀軌
2.3	内護摩
2.4	無上護摩
3	結論

※奥山（1984：29）を参照した

表1　『ジュヨーティルマンジャリー』の構成

『ジュヨーティルマンジャリー』の内容を示すと表1のようになる。はじめに護摩の各論として、火炉、材料、燃料、杓などを、護摩の目的ごとに説明し、「神々を満足させる章」で実際の儀礼の方法を述べる。

これらの中心となる三種の儀礼と補足的な儀礼のいずれにも分類できないのが、はじめの「僧院等へのアルガの儀軌」である。「アルガの儀軌」と名付けられているが、実際は僧院等の建築物や、仏像、経典などを制作する前の手続きを述べている。おそらく、これは「仏像等の完成儀礼」に対応するプロセスで、これを行った上で実際の建築物や仏像などを制作し、そのあとで完成儀礼が行われる。しかも、建築物の場合、そのための土地の整備や結界などが、準備段階で行われるが、この部分はマンダラの制作儀礼と多くの共有部分を含む。マンダラは平面化された建築物であり、その制作に先立って、同じような準備のプロセスが必要とされたからである。

『ヴァジュラーヴァリー』の五〇儀軌は単純にいくつかの部分に分類することは不可能で、共有部分を含む大きな儀礼のグループが重層的に登場する。これは、仏像等の完成儀礼と弟子の灌頂儀礼が相似の関係にあることにも、同様に認められる。

四　『ヴァジュラーヴァリー』に説かれるマンダラ

『ヴァジュラーヴァリー』の五〇儀軌の中の第一二儀軌「墨打ちの儀軌」と第一三儀軌「彩色の儀軌」において、著者のアバヤーカラグプタは数多くのマンダラをあげている。これらのマンダラは、少なく数えて二六種、多い場合は四二種となる（表2）。マンダラの数が一定しないのは、同じ形式のマンダラであっても、中尊などを入れ替えることで、他のマンダラとしたり、あるいは名称のみをあげて、詳しい解説を加えていないマンダラもあるためである。

墨打ちの儀軌ではこれらのマンダラの輪郭線の引き方が、次の彩色の儀軌ではマンダラ内部

		マンダラ名	チャンキャ
1	1	文殊金剛マンダラ	1
2	2	阿閦マンダラ	2
3	3	金剛薩埵マンダラ	18
4	4	ジュニャーナダーキニー・マンダラ	35
5	5	ヘーヴァジュラ 17 尊マンダラ：ガルバヘーヴァジュラ	14
6	5	同：心ヘーヴァジュラ	15
7	5	同：語ヘーヴァジュラ	16
8	5	同：身ヘーヴァジュラ	17
9	6	ナイラートミヤー・マンダラ	10
10	6	ナイラートミヤー・マンダラ	11
11	6	クルクッラー・マンダラ	12
12	7	金剛甘露マンダラ	27
13	7	ヴァジュラフーンカーラ・マンダラ	28
14	7	ヴァジュラヘールカ・マンダラ	29
15	7	甘露軍荼梨マンダラ	30
16	8	ヘーヴァジュラ 9 尊マンダラ：ガルバヘーヴァジュラ	5
17	8	同：心ヘーヴァジュラ	6
18	8	同：語ヘーヴァジュラ	7
19	8	同：身ヘーヴァジュラ	8
20	9	マハーマーヤー・マンダラ	33
21	10	ブッダカパーラ・マンダラ	32
22	11	ヴァジュラフーンカーラ・マンダラ	25
23	12	サンヴァラ・マンダラ：四面十二臂	19
24	12	同：一面二臂	20
25	12	同：一面二臂	21
26	12	ヴァジュラヴァーラーヒー・マンダラ：身色は赤	22
27	12	同：身色は青	23
28	12	同：身色は黄	24
29	13	ブッダカパーラ・マンダラ	31
30	14	ヨーガーンバラ・マンダラ	34
31	15	ヤマーリ・マンダラ	4
32	16	金剛ターラー・マンダラ	13
33	17	マーリーチー・マンダラ	41
34	18	パンチャラクシャー・マンダラ	42
35	19	金剛界マンダラ	37
36	20	文殊金剛 43 尊マンダラ	3
37	21	法界語自在マンダラ	39
38	22	悪趣清浄マンダラ	38
39	23	ブータダーマラ・マンダラ	40
40	24	パンチャダーカ・マンダラ	9
41	25	六転輪王マンダラ	26
42	26	カーラチャクラ・マンダラ	36

※各行の左端の番号は 42 種のマンダラの通し番号、つぎの番号は 26 種として数えた場合の番号、「チャンキャ」はチャンキャの文献に説かれる順序をそれぞれ表す。

表 2 『ヴァジュラーヴァリー』に説かれる 42 種のマンダラ

の彩色の方法が、一つひとつ説明される。彩色の儀軌ではマンダラの「地」の色ばかりではなく、マンダラに含まれる仏たちが、どのようなシンボルで表されるかに多くのスペースがさかれている。これによって、各マンダラを構成する仏たちと、その位置が明らかになるのである。

墨打ちの儀軌と彩色の儀軌が五〇儀軌の中に登場する順序からもわかるように、これらのマンダラは、マンダラの制作とその後の「聖別の儀式」という一連の流れの中で制作される。マンダラを描くための土地を決定し、整備し、結界や地神への勧請などを経た上で、実際にマンダラを地面の上に作り上げるのである。完成したマンダラに対し、「マンダラの成就の儀礼」を行うことで、一連のマンダラ制作のプロセスは完了し、聖別の儀礼へと移っていく。

『ヴァジュラーヴァリー』に説かれる二六ないし四二種のマンダラは、おそらくアバヤーカラグプタの時代に流布していたマンダラで、かつ彼が重要と見なしたものであろう。たとえば日本密教に伝わる金剛界と胎蔵のいわゆる両部の曼荼羅のうち、金剛界は含まれるが胎蔵は現れない。このほかにも、経典や注釈書、儀軌類などには、ここには含まれないさまざまな種類のマンダラの伝承がある。

アバヤーカラグプタが『ヴァジュラーヴァリー』の中で示したマンダラは、制作儀礼に引き続いて行われる仏像等の完成儀礼や、弟子の灌頂儀礼に従って、いずれかひとつが選ばれて作られる。仏像等の完成儀礼においては、その仏像に表された仏を本尊とするマンダラか、あるいはそのようなマンダラがなければ、その仏の属する部族主を中尊とするマンダラが選ばれる。この時代、仏教のパンテオンを構成する仏たちは、特定のグループすなわち部族に分類され、それを統轄《とうかつ》する部族主がいた。部族主には大日などの五仏と金剛薩埵、あるいはこれらと同体と見なされる仏たちであった。もし所属する部族がわからなければ、阿閦か金剛薩埵のマンダラが選ばれた。また、僧院などの建築物の場合は大日のマンダラが、経典の場合は阿弥陀のマンダラがそれぞれ準備される。これは、建物、経典、仏像を順に仏の身・口・意の三密に配当するためで、この三密が大日・阿弥陀・阿閦（あるいは金剛薩埵）と結びついていたためである。

一方の弟子の灌頂儀礼でも、いずれかひとつのマンダラが選ばれる。この選択の基準は『ヴァジュラーヴァリー』には示されていないが、灌頂を遂行する阿闍梨の流儀や、弟子の能力、希望、修行のレヴェルなどに応じて選ばれたのであろう。

いずれにせよ、『ヴァジュラーヴァリー』が説く数多くのマンダラは、一連の儀礼における選択肢なのであり、儀礼の目的や対象によって、実際にはそのひとつが選ばれた。そして、重要なのは、いずれのマンダラを選んでも、基本的には完成儀礼や灌頂の儀式は、それぞれ同じ方法で行われたことである。儀礼の枠組み自体は、マンダラの種類によって左右されず、つねに一貫した方法で行われることが意図されていた。これは、『ヴァジュラーヴァリー』の執筆の目的、すなわち儀礼の方法が文献や流派によって混乱した状況の中で、統一的な方法を提示するということに合致している。

このようなアバヤーカラグプタの執筆の姿勢は、『ヴァジュラーヴァリー』に説かれるマンダラの配列を考える上で重要である。マンダラを用いて行う儀礼がマンダラの種類によって異なるならば、同じ方法の儀礼で用いられるマンダラをまとめた方が便利であろう。具体的には、密教の発展段階にもとづいてチベットの碩学プトゥンによって提唱された四分法、すなわち所《しょ》作《さ》、行《ぎょう》、瑜伽《ゆが》、無上瑜伽《むじょうゆが》の各タントラに属するマンダラをまとめ、この順序で（あるいはその逆に）並べることが最も適当である。類似の分類法がインド密教でもすでに存在していたことも確認されている。また、同一の経典に説かれる複数のマンダラは、当然、同じところに集められることになる。しかし、『ヴァジュラーヴァリー』のマンダラの配列を見ると、このような方針はまったく存在しなかったことがわかる。

はじめに無上瑜伽の父タントラを代表する『秘密集会タントラ』の二種をあげたあとは、無上瑜伽の母タントラのマンダラがいくつも並ぶ。しかし、そのあとに再び父タントラのヤマーリ・マンダラが現れ、さらに母タントラの金剛ターラー・マンダラをはさみ、所作タントラのマンダラが続く。金剛界マンダラは瑜伽タントラ、文殊金剛マンダラは父タントラ、悪趣清浄マンダラは瑜伽タントラ、ブータダーマラ・マンダラは所作タントラ、パンチャダーカと六転輪王マンダラの二種は母タントラ、最後のカーラチャクラ・マンダラは不二タントラ、あるいは流派によっては母タントラに分類される。

特定の経典にもとづく複数のマンダラについても、アバヤーカラグプタはまとめて並べるようなことはしていない。たとえば、二六種として数えた場合の四番のジュニャーナダーキニー・マンダラと一四番のヨーガーンバラ・マンダラは、ともに『チャトシュピータ・タントラ』を典拠としながら、離れたところにおかれている。一一番のヴァジュラフーンカーラ・マンダラと二五番の六転輪王マンダラも、典拠は同じ『アビダーナ・ウッタラタントラ』である。また、典拠とする経典は異なるが、五番と八番のヘーヴァジュラ・マンダラは、中尊が同じで、周囲の尊格も共通するものがあるにもかかわらず、連続していない。

タントラの分類法にもとづかないとしたら、『ヴァジュラーヴァリー』のマンダラの配列は何を基準にしているのであろう。その問題を解く鍵は、最後のカーラチャクラ・マンダラにある。

アバヤーカラグプタは墨打ちの儀軌と彩色の儀軌のいずれにおいても、まずはじめにすべてのマンダラに共通する部分として、マンダラの外周部や楼閣の構造を解説したあと、個々のマンダラで異なる構造をもつ楼閣内部の説明をひとつずつ行っている。しかし、カーラチャクラ・マンダラのみは、それ以外のマンダラとは全体の構造もかなり異なるため、あらためて外周部や楼閣の構造から説明し直している。カーラチャクラ・マンダラがこのような独自の構造をもつのは、このマンダラがインド密教史上の最後に登場した特異なマンダラであることによるのであるが、そのような歴史的な成立順序に関係なく、形態の特殊性という点から、アバヤーカラグプタはこのマンダラを全体の最後においたと考えられる。

マンダラが属するタントラの階梯によるのではなく、マンダラの形態が『ヴァジュラーヴァリー』において重視されたことは、カーラチャクラ以外のマンダラの配列を説明するためにも有効である。なぜなら、『ヴァジュラーヴァリー』に説かれるマンダラの形態に注目すると、類似の構造をもつマンダラがまとめられていることがわかるからである。具体的には、円の中に井桁、蓮華、チャクラ（輪）などの形態がマンダラの内陣に現れるが、それぞれ同じ種類のものがまとめられている。『チャトシュピータ・タントラ』の二種のマンダラや、ヘーヴァジュラのマンダラがそれぞれ離ればなれになっているのは、形態が異なることで説明がつく。そして、全体の傾向としては、簡単なものから複雑なものへという基本姿勢も見てとれる。カーラチャクラ・マンダラが最後におかれたのも同じ理由によるが、その前の二種のマンダラ、パンチャダーカと六転輪王マンダラも同様である。すなわち、前者は五つ、後者は六つの小楼閣を内陣内部に含む複雑な構造をもつ。

このような執筆の方針は、『ヴァジュラーヴァリー』のような儀軌という実際的な性格をもつ文献においてはきわめて合理的である。とくに第一二儀軌の墨打ちの儀軌において、類似の形態のマンダラが続く場合、相違点のみを指摘して、「それ以外は前に同じ」という一文ですませることができる。もしタントラの階梯や典拠となる経典に従った配列をとったとしたら、無駄な繰り返しや、離れたところへの言及を行わなければならない。

五 『ニシュパンナヨーガーヴァリー』

アバヤーカラグプタの密教儀軌三部作を構成するもうひとつの文献『ニシュパンナヨーガーヴァリー』を、ここで概観しておこう。同書はこれまでしばしばマンダラの図像学的な解説書と見なされてきたが、実際はマンダラの観想を行うための文献である。その位置づけは、『ジュヨーティルマンジャリー』とならんで『ヴァジュラーヴァリー』に対して補完的な立場にある。

『ニシュパンナヨーガーヴァリー』は全体が二六章で構成され、第一章のジュニャーナパーダ流の文殊金剛マンダラから第二六章のカーラチャクラ・マンダラまでの順序は、『ヴァジュラーヴァリー』の墨打ち、彩色の二儀軌に説かれる二六種のマンダラの順とまったく同じである。アバヤーカラグプタは儀礼の場に実際に制作されるマンダラの解説を『ヴァジュラーヴァリー』で行い、その観想法にかかわる情報を『ニシュパンナヨーガーヴァリー』として独立させたのである。言い換えれば、『ヴァジュラーヴァリー』は儀礼のためのマンダラを、『ニシュパンナヨーガーヴァリー』は観想上のマンダラを扱っているのである。『ヴァジュラーヴァリー』と『ニシュパンナヨーガーヴァリー』という別々の文献とした理由は、一書としてまとめたのでは大部となりすぎるためと、筆者自身が述べているが、それとともに、マンダラ観想の情報が『ヴァジュラーヴァリー』に説かれる儀式の随所で必要とされたからであろう。儀礼の中で頻繁に必要とされる情報を取り出して、別のところにまとめるという姿勢は、『ヴァジュラーヴァリー』の冒頭と末尾に同じような情報をまとめた点と共通している。

『ニシュパンナヨーガーヴァリー』の各章の構成はいずれもほぼ共通している。すなわち、マンダラの外郭部の観想、マンダラの諸尊の観想、諸尊が所属する部族の規定、中尊などのマントラの規定である。

はじめの「マンダラの外郭部の観想」では、金剛籠、金剛墻《しょう》、金剛地などから構成されるマンダラ全体の構造が示される。その中に観想される四大元素、法源、雑色蓮華《ぞうしきれんげ》、羯磨杵《かつましょ》、守護輪などが言及され、マンダラの諸尊が住む楼閣がその中央に置かれる。

第二の「諸尊の観想」では、マンダラの中尊から始まり、原則としてマンダラの中心に近い尊から順に外に向かって、各尊の面数、臂数、身色、持物、坐法、衣装、装身具などが細かく規定される。これは『ニシュパンナヨーガーヴァリー』の中で最も多くの紙幅をさいて説かれる部分で、そのことが『ニシュパンナヨーガーヴァリー』をマンダラ図像学の文献と見誤らせたのであろう。同じく観想法を説く文献『サーダナマーラー』とともに、密教図像学の嚆矢となる文献『インド仏教図像学』(*Indian Buddhist Iconography*)でもっぱら依用されたことが、このことを決定づけた。

第三の「部族の規定」では、各尊の所属する部族が定められる。すでに述べたように、マンダラに含まれる仏たちは、六種前後の部族に包摂されている。多くの場合、阿閦・大日・宝生・阿弥陀・不空成就の五仏と金剛薩埵が部族の上首、すなわち部族主としてあげられる。各尊は自己の所属する部族を表示するため、部族主の尊像が額に印づけられている。マンダラによってはこれら六尊以外の名称の部族主があげられることもある。たとえば、母タントラ系のマンダラでは大日の代わりにシャーシュヴァタが登場する。また、宝生に代わって宝主が部族主となっているマンダラも多い。

各章の最後の部分にはマントラの規定が置かれる。中尊を象徴する心マントラと単音節の種子マントラ、そして、儀礼における障害や災厄を取り除くために唱えられる「すべての儀礼行為のためのマントラ」が示される。

『ニシュパンナヨーガーヴァリー』の各章はいずれもこれらの四つの情報を含むが、章に応じて補足的な規定が章末やそれ以外の部分に置かれることもある。第一章ではマンダラの外郭部に関する一般的な規定が章末に説かれる。複数のマンダラが含まれる章では、中尊やその他の尊の異同が必要に応じて随時示される。

このような『ニシュパンナヨーガーヴァリー』の内容を見る限り、マンダラの配列を決定するような要因をそこに見出すことはできない。『ヴァジュラーヴァリー』に見られたように、マンダラの楼閣内部の構造が連続する複数のマンダラで共通していることは、『ニシュパンナヨーガーヴァリー』の内容にはほとんど関係ない。むしろ、同一の経典を典拠とするマンダラや、マンダラに含まれる尊格が共通するものをまとめた方が、『ニシュパンナヨーガーヴァリー』のみを執筆するのであれば、合理的であったであろう。しかし、実際は墨打ちや彩色の儀軌の記述の容易さを優先させた配列を、『ニシュパンナヨーガーヴァリー』でも踏襲している。これは『ニシュパンナヨーガーヴァリー』があくまでも『ヴァジュラーヴァリー』の補完的な文献であるという筆者の態度を明確に示すものなのである。

六　儀礼とマンダラ

『ヴァジュラーヴァリー』の主要なテーマのうち、マンダラの制作に続いて説明される仏像等の完成儀礼は、「プラティシュター」という名称をもつ儀式である。この儀式に類するものは現在のインドでも、ヒンドゥー教やジャイナ教の寺院などで広く行われている。これらの宗教で神像が作られはじめた頃から行われていたことが、さまざまな儀礼文献から確認できる。おそらく仏教でもそれを踏襲したのであろう。初期の密教文献にも、プラティシュターに関する単独の儀軌がいくつか伝えられている。

プラティシュターの儀式で注目されるのは、すでに述べたように、弟子に対する灌頂儀礼とほとんど同じ構造をとることである。灌頂において弟子が占める位置を、プラティシュターの対象である仏像や寺院などに置き換えれば、あとは同じ枠組みで儀式が組み立てられている。そして、灌頂がインド密教の長い歴史の中で変化していったように、プラティシュターも同じように変わっていったことも、諸文献を比較することでわかる。『ヴァジュラーヴァリー』のプラティシュターも、同書の灌頂儀礼と基本的には同じ方法で遂行されるべきであることが、『ヴァジュラーヴァリー』の中で指示されている。

『ヴァジュラーヴァリー』の三つ目の大きな儀礼である灌頂は、『ヴァジュラーヴァリー』がインド密教の最後に位置する文献であることからもわかるように、その最も発展した形態を示している。後期密教の灌頂の基本となる四種の灌頂、すなわち瓶《びょう》・秘密・般若智・第四の各灌頂を含み、さらに『カーラチャクラ・タントラ』の独自の灌頂の体系も組み入れている。その一方で『蘇悉耶経《すきや》』や『大日経』などの初期密教や中期密教にすでに現れる投華得仏《とうけとくぶつ》、眼薬、射箭、許可、授記などのプロセスも保持されている。あらゆるマンダラに適応できる普遍的な灌頂の方法をアバヤーカラグプタがめざしたことが、このような複雑で統合的な儀礼の方法にもよく現れているのである。

ところで、『ヴァジュラーヴァリー』のチベット訳テキストの奥付は、著者のアバヤーカラグプタ自身がチベット語への翻訳と第一回の校訂にかかわったことを伝える。著者の在世中からすでにこの儀軌がチベットに伝えられていたことが知られるのである。プトゥンやツォンカパの「聴聞録」の中には、『ヴァジュラーヴァリー』のインドからチベットへの伝承の系譜が示されている。また『青冊史』にも類似の継承者のリストが含まれる。

『ヴァジュラーヴァリー』のような儀礼の解説書は、文献だけではなく実際にそこに記された儀礼が行われなければ、正しく伝えられたことにはならない。この点に関して重要な役割を果たしたのが、カシュミール出身の大学者シャーキャシュリーバドラである。彼はアバヤーカラグプタの孫弟子にあたり、彼と同じヴィクラマシーラ僧院の座主をつとめ、アバヤーカラグプタの教えの伝統を受け継いだ最も重要な人物とみなされている。

当時、北インドに侵攻したイスラム教徒による僧院の破壊に直面し、彼はチベットへの亡命を余儀なくされる。その後、チベットの各地で布教活動を続け、とくにサキャ派の重要人物サキャ・パンディタに教えを授けたことで、この派に大きな影響を与えた。

『青冊史』によれば、シャーキャシュリーバドラはチベットで三度、『ヴァジュラーヴァリー』の灌頂を行ったという。これに関する同書の記述は、『ヴァジュラーヴァリー』がチベットで受容されるときの状況を示すものとして注目される。三度行った灌頂のうち、はじめの二回はすべて無上瑜伽タントラの方法で行ったが、タントラの階梯に従わずに行ったことにチベット人たちが疑問を呈したため、最後の一回は不本意ながら彼らの意向に沿うようにしたというのである。

また、ツォンカパもすでにあげた「聴聞録」の中で、『ヴァジュラーヴァリー』の四二種のマンダラのうち、所作とヨーガの各タントラに属する三つずつのマンダラについては、それぞれにふさわしい方法で灌頂を行い、残りの三六種についてはすべて無上瑜伽の方法で行うというのが最上の方法であると述べている。

このように、チベットではマンダラが依拠するタントラ経典がどのクラスに属するかが重視され、チベットの仏教徒は各クラスにふさわしい方法で灌頂を行うことを強く望んだ。しかし、これはすでにくりかえし述べてきたように、アバヤーカラグプタの意図するところではなかった。しかし、実際にははやくもシャーキャシュリーバドラの時代に、マンダラの属する階梯に応じて異なる方法で灌頂が行われていた。このような考え方は、現在に至るまでチベット仏教においては支配的である。

七　ゴル寺のマンダラ・セット

灌頂をタントラの階梯ごとに異なる方法か、すべて同じ方法で行うかは、『ヴァジュラーヴァリー』や『ニシュパンナヨーガーヴァリー』のマンダラの配列に密接にかかわる問題である。はじめに言及したチャンキャによる文献には、『ヴァジュラーヴァリー』のマンダラが『ヴァジュラーヴァリー』とはまったく異なる順序で並んでいる（表2参照）。ここではマンダラの数は四五種を数えるが、これは『ヴァジュラーヴァリー』に説かれるマンダラを最も多く数えた場合の四二種に、『阿闍梨所作集成』の三マンダラを加えた数である。『阿闍梨所作集成』についてはあとで述べるとして、全体の配列をここで検討しよう。

チベット密教美術展で展示されていたパンチャラクシャーなどの四種のマンダラは、チャンキャの四五種のマンダラの最後の四種に一致している。これを含むタンカのセットが一四点からなり、その最後の一四番目にこの作品が相当することに符合する。そして、その少し前を見ると、カーラチャクラ・マンダラもある。

タンカのセットが基本的に四種のマンダラを一枚に描いたものと、一種のみを描いたものがあると仮定すると、全体は一四点にまとめられるかもしれない。その場合、一枚に一点のみを描くマンダラに選ばれるのは、カーラチャクラ・マンダラのように、おそらく規模の大きなマンダラと推測される。これに該当するのは『ヴァジュラーヴァリー』の順序で二一番目の法界語自在、二四番目のパンチャダーカ、二五番の六転輪王の各マンダラである。カーラチャクラとこれらの三種のマンダラを単独とし、残りの四一種のマンダラを原則として四つずつまとめると、全体はきれいに一四に分かれる。ただし、ここでは二カ所で例外的な操作を行っている。すなわち、一〇番目のグループを四種ではなく五種にしていることと、法界語自在マンダラの前後二種ずつを組み合わせていることである。

おどろいたことに、このようにしてできあがった一四のグループは、タントラの階梯に見事に一致している（表3）。しかも同一の経典にもとづくような密接なマンダラは、同じグループに属している。チベット人が好んだタントラの階梯に基づくマンダラの分類が、それを本来は意図していなかった『ヴァジュラーヴァリー』のマンダラに対して適用されているのである。

さて、このようなマンダラの配列の変更は、おそらく『ヴァジュラーヴァリー』がチベットに導入された頃から行われていたと推測されるが、『阿闍梨所作集成』からの三種のマンダラの追加はいつ行われたのであろう。

『阿闍梨所作集成』とはその名称のとおり、阿闍梨（あるいは金剛阿闍梨）のさまざまな儀礼

	タントラの階梯・典拠となる経典	No.	マンダラ
I	＜無上瑜伽・父タントラ＞秘密集会タントラ、幻化網タントラ、ヤマーリ・タントラ	1	文殊金剛マンダラ
		36	文殊金剛 43 尊マンダラ
		2	阿閦マンダラ
		31	ヤマーリ・マンダラ
II	＜無上瑜伽・母タントラ＞ヘーヴァジュラ・タントラ	16	ガルバヘーヴァジュラ・マンダラ（9 尊）
		17	心ヘーヴァジュラ
		18	語ヘーヴァジュラ
		19	身ヘーヴァジュラ
III	ヴァジュラパンジャラ・タントラ	40	パンチャダーカ・マンダラ
IV	＜無上瑜伽・母タントラ＞ヘーヴァジュラ・タントラ、サンプタ・タントラ	9	ナイラートミヤー・マンダラ（23 尊）
		10	ナイラートミヤー・マンダラ（15 尊）
		11	クルクッラー・マンダラ
		32	金剛ターラー・マンダラ
V	＜無上瑜伽・母タントラ＞サンプタ・タントラ	5	ガルバヘーヴァジュラ・マンダラ（17 尊）
		6	心ヘーヴァジュラ
		7	語ヘーヴァジュラ
		8	身ヘーヴァジュラ
VI	＜無上瑜伽・母タントラ＞サンプタ・タントラ、サンヴァラ・タントラ	3	金剛薩埵マンダラ
		23	サンヴァラ・マンダラ（四面十二臂）
		24	同（一面二臂）
		25	同（一面二臂）
VII	＜無上瑜伽・母タントラ＞アビダーナウッタラ・タントラ	26	ヴァジュラヴァーラーヒー・マンダラ（赤）
		27	ヴァジュラヴァーラーヒー・マンダラ（青）
		28	ヴァジュラヴァーラーヒー・マンダラ（黄）
		22	ヴァジュラフーンカーラ・マンダラ
VIII	＜無上瑜伽・母タントラ＞アビダーナウッタラ・タントラ	41	六転輪王マンダラ
IX	＜無上瑜伽・母タントラ＞金剛甘露タントラ	12	金剛甘露マンダラ
		13	ヴァジュラフーンカーラ・マンダラ
		14	ヴァジュラヘールカ・マンダラ
		15	甘露軍荼梨マンダラ
X	＜無上瑜伽・母タントラ＞ブッダカパーラ・タントラ、マハーマーヤー・タントラ、ヨーガーンバラ・タントラ	29	ブッダカパーラ・マンダラ（25 尊）
		21	ブッダカパーラ・マンダラ（9 尊）
		20	マハーマーヤー・マンダラ
		30	ヨーガーンバラ・マンダラ
		4	ジュニャーナダーキニー・マンダラ
XI	＜無上瑜伽・不二タントラ＞カーラチャクラ・タントラ	42	カーラチャクラ・マンダラ
XII	＜瑜伽タントラ＞ナーマサンギーティ	37	法界語自在マンダラ
XIII	＜瑜伽タントラ＞真実摂経、悪趣清浄タントラなど	35	金剛界マンダラ
		38	悪趣清浄マンダラ
		39	ブータダーマラ・マンダラ
		33	マーリーチー・マンダラ
XIV	＜所作タントラ＞陀羅尼経典類	34	パンチャラクシャー・マンダラ
		43	ヴァスダーラー・マンダラ
		44	グラハマートリカー・マンダラ
		45	仏頂尊勝マンダラ

※各マンダラ名の前の数字は、43-45 を除き、表 2 で示した左端の番号に対応する

表３　ゴル寺のタンカ・セットの内容

に関する解説を集成したもので、ダルパナあるいはジャガット・ダルパナという成就者がその作者とされている。ただし、伝説的なエピソードが『青冊史』に含まれている以外にこの人物についての詳細は不明で、実在したかどうかも確定できない。

『阿闍梨所作集成』は『ヴァジュラーヴァリー』などと比べてもはるかに大部の儀軌である。しかし、その大半はすでに存在していたテキストの寄せ集めである。しかも本書の中心をなすのは『ヴァジュラーヴァリー』などのアバヤーカラグプタの儀軌三部作で、これにさまざまな儀軌を加えている。追加部分の中には仏塔の制作方法、グルマンダラプージャーと呼ばれる供養法などがある。ヴァスダラー、グラハマートリカー、仏頂尊勝の三種のマンダラが説かれるのも、このような付加的な儀礼の解説部で、いずれも長寿を感謝する一種の通過儀礼のために作られるマンダラである。これらの儀礼を含め、三部作以外の部分にはネパール仏教で今日でも行われている儀礼が多く含まれ、この文献とネパール仏教との密接な結びつきが認められる。そのため、編纂された場所についても、インドとネパールの両説がある。なお、アバヤーカラグプタの三部作と共通する部分を、オリジナルと比較してみると、単なる借用ではなく、情報の追加や削除など、かなりの改変が加えられていることがわかる。また、ほとんど同じ内容の文章であっても、別の語句を用いた表現が含まれている場合が多い。『阿闍梨所作集成』の作者が三部作以外にもさまざまな情報源を有していたことが予想されるが、その解明や三部作との詳細な比較は今後の研究を待たなければならない。

『青冊史』は『阿闍梨所作集成』の教えの系統として、二〇人の名をあげているが、そのリストの最後から三番目にササンパクパという人物が現れる。この人物の名は例の「四種のマンダラ」に記された銘文に登場する。そこではこの作品がササンパクパの追善のためにクンガサンポによって作られたことを伝えている。そして、教えの系統でササンパクパに続いてあげられているのが、ほかでもないクンガサンポそのひとである。

『青冊史』はさらに『阿闍梨所作集成』がチベットに伝えられた経緯についても記している。それによれば、サキャ派のある学僧がネパール人の商人からこの文献の写本を入手し、さらに別のサキャ派の僧の手に渡った後、チベット語に翻訳された。このときの訳者のひとりの名がササンパクパであった。ただし、この人物はクンガサンポの師のササンパクパ（一三五八―一四一二／一四二四）と同名であるが、ササンパクパ自身の師にあたる別の人物である。そのため、チベットではこの初代のササンパクパをマティ・パンチェン（一二九四―一三七六）という通称で呼び、クンガサンポの師をササンパクパ・ションヌロドゥー（若き勇者ササンパクパ）と呼んで区別する。彼はみずからカトマンドゥにおもむき、『阿闍梨所作集成』の灌頂を受け、その教えのチベットへの導入と普及に貢献したことも伝えられている。その最も重要な継承者がクンガサンポであった。

ここでようやくゴル寺のマンダラ・セットの誕生と結びつく。クンガサンポはゴル寺の創建にあたり、その内部の壁面を飾るために、ネパール人の六人の絵師を招いて、『ヴァジュラーヴァリー』のすべてのマンダラと『阿闍梨所作集成』の三つのマンダラを描かせたと伝えられている。まさに本作品こそが、ゴル寺の壁面を飾ったこれらのマンダラの一部なのである。

ゴル寺のマンダラ・セットに属する他の作品が現存していることが、最近の刊行物などから知られ、現在のところ、一四点のタンカのうちの八点が確認されている。また、展覧会場ではじめてその存在を知ったカーラチャクラ・マンダラは、予想通り、ゴル寺のマンダラ・セットと同一内容のタンカの一部で、これも一四点中の少なくとも三点が現存している。これらの出現の結果、チャンキャの文献から試みたタンカ・セットのマンダラの再構成は、推定通りであったことが判明した。いずれのセットにも存在が確認されていないものが四点あり、すでに散逸してしまったか、あるいはコレクターの手にありながら未発表であるかは明らかではないが、これらを含めて、タンカ・セットの内容が上記の通りであることは、まず間違いない。

八　おわりに

ゴル寺で一五世紀の初頭に制作されたマンダラを手がかりに、アバヤーカラグプタの儀礼三部作と『阿闍梨所作集成』について紹介してきた。『ヴァジュラーヴァリー』を中心とした三部作のもつ意義を最後にまとめておこう。

これらの文献の重要性は、その情報量の豊富さと具体性にある。『ヴァジュラーヴァリー』からは当時のインドの仏教僧院において行われていたマンダラ制作儀礼と、それを用いて行われるプラティシュターや灌頂の方法の詳細を知ることができる。これらの儀礼はいずれも複数のプロセスで構成され、それらはさらにいくつもの儀礼で組み立てられている。これらの儀礼がどのように行われていたかが、文献を読解することで、ある程度、再構築することができる。

このことは、三部作の中の『ジュヨーティルマンジャリー』についても同様で、インド後期密教の護摩の実態をこの書は伝えてくれる。護摩は日本の密教儀礼の中でもよく知られたものであるが、ネパールやチベットでも頻繁に行われている。護摩の淵源がヴェーダ祭式のホーマにあることは明らかであるし、現代のヒンドゥー教においても、護摩はきわめて一般的な儀礼である。これらの多様な護摩の総合的な研究や比較研究を行うときに、『ジュヨーティルマンジャリー』は重要な資料のひとつとなるであろう。

マンダラについての豊富な情報を含んでいることもあげなければならない。『ヴァジュラーヴァリー』の墨打ちと彩色の儀軌は、マンダラ制作儀礼の一プロセスとして説明されるが、ここからわれわれは、当時のマンダラの具体的な形態を復元することができる。そして、それはチベット仏教が伝えるマンダラの形態ときわめてよく似ていることも確認できる。マンダラの伝承や歴史的な変遷を知る上でも、『ヴァジュラーヴァアリー』は決定的な役割を果たすのである。

『ヴァジュラーヴァリー』に説かれるマンダラの観想法を独立させた『ニシュパンナヨーガーヴァリー』も、マンダラについての情報という点では、『ヴァジュラーヴァリー』におとらず重要である。この文献にはマンダラに含まれるほとんどすべての仏たちの具体的なイメージがあげられている。それはしばしば、この文献を観想法の手引書ではなく、図像学の解説書、すなわち仏の描き方を説明した書という誤った情報を与えたほどであった。しかし、インド密教の図像学において、この書がとくに重視されるべきものであることは間違いない。

情報量の多さと並んで、三部作を特徴づけるものは、これらの情報を統合し、ひとつの体系にまとめようとする著者アバヤーカラグプタの基本的な姿勢であろう。すでに何度もくりかえしているように、『ヴァジュラーヴァリー』と『ニシュパンナヨーガーヴァリー』には当時流布していた重要なマンダラが網羅されている。そして、これらのマンダラを用いて行う儀礼の方法を、『ヴァジュラーヴァリー』の中で統一しようとしている。三部作を貫いているのは、このようなスタンダード化なのである。これは『ジュヨーティルマンジャリー』における護摩儀軌の整備においても同様に認められる。

アバヤーカラグプタの時代はインド密教史から見れば、ほぼ最終的な段階に相当する。おそらく彼の時代の密教には、何か新しい経典を生み出すという機運も勢いも失われていたであろう。そのかわり、アバヤーカラグプタは密教儀礼の総決算ともいうべき作業を、三部作において行った。アバヤーカラグプタにはこのほかにも多くの著作があるが、その内容は無上瑜伽の父タントラ、母タントラの両者にまたがり、きわめて広範な広がりをもつ。密教の教理と儀礼について、他の追随を許さない第一人者であった彼だからこそ、このような包括的な作品を生み出すことができたのである。

参考文献

Bhattacharyya, B., *The Indian Buddhist Iconography Mainly Based on the Sādhanamālā and Other Cognate Tantric Texts of Rituals*. 2nd ed., K. L. Mukhopadhyay, Calcutta, 1968（1958）.

Bhattacharyya, B., *Niṣpannayogāvalī of Mahāpaṇḍita Abhayākaragupta*. G.O.S. No. 109, Oriental Institute, Baroda, 1972（1949）.

森　雅秀『チベットの仏教美術とマンダラ』名古屋大学出版会、二〇一一年

森　雅秀『インド密教の儀礼世界』世界思想社、二〇一一年

Mori, Masahide, *Vajrāvalī of Abhayākaragupta: Edition of Sanskrit and Tibetan Versions*, 2 vols. Buddhica Britanica XI, The Institute of Buddhist Studies, Tring, 2009.

奥山直司「Jyotirmañjarī の研究（Ⅰ）」『文化』四七巻一—二号、一九八四年、二九—四六頁
「同（Ⅱ）」『論集』一三号、一九八六年、一—一八頁
Rhie, Marylin M. & Robert A. F. Thurman, *The Sacred Art of Tibet: Wisdom and Compassion.* Thames and Hudson, London, 1991.
Skorupski, T., Jyotirmañjarī: Abhayākaragupta's Commentary on Homa Rites. *Bulletin of the Research Institute of Esoteric Buddhist Culture (Koyasan)* 8: 236-206, 1994.

付録　マンダラの見取り図と尊格名

森　雅秀

ここに示したマンダラの配置図と諸尊名は、後期密教を代表する学僧アバヤーカラグプタ（一一〜一二世紀）が著したマンダラ儀軌書『ヴァジュラーヴァリー』にもとづくものである（本書、第8章参照）。マンダラの輪郭線は同書に含まれる「墨打ちの儀軌」を、諸尊の位置と名称は「彩色の儀軌」をそれぞれ参照した。マンダラの配置図の外側の線は、マンダラの楼閣内部（内陣）の輪郭線に対応する。マンダラ全体はこの一辺の三倍の直径をもつが、カーラチャクラ・マンダラ以外はすべて共通なので、省略してある。マンダラの諸尊の名称は、アバヤーカラグプタがマンダラの観想法を説いた別の著作『ニシュパンナヨーガーヴァリー』も参照した。なお、マンダラの形態やそこに含まれる尊格、各尊の名称などは、同じマンダラであっても経典や儀軌でしばしば異同がある。そのため、本書の各章に含まれるマンダラに関する記述と『ヴァジュラーヴァリー』のものとは一部一致しない。

1 金剛界曼荼羅

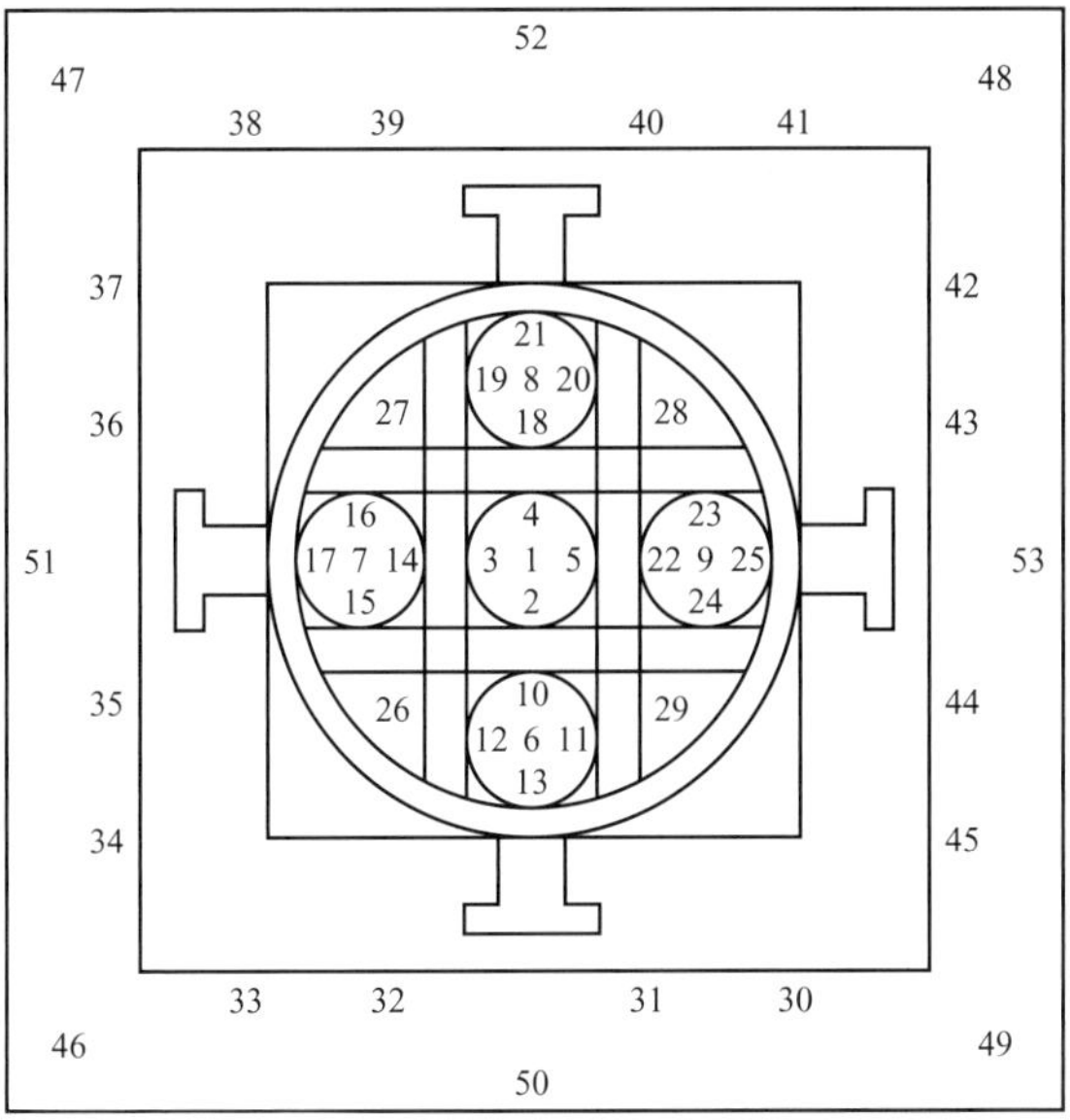

1 金剛界
2 薩埵金剛女
3 宝金剛女
4 法金剛女
5 羯磨金剛女
6 阿閦
7 宝生
8 阿弥陀
9 不空成就
10 金剛薩埵
11 金剛王
12 金剛愛
13 金剛喜
14 金剛宝
15 金剛光
16 金剛幢
17 金剛笑
18 金剛法
19 金剛利
20 金剛因
21 金剛語
22 金剛業
23 金剛護
24 金剛牙
25 金剛拳
26 金剛嬉
27 金剛鬘
28 金剛歌
29 金剛舞
30 弥勒
31 不空見
32 一切除蓋障
33 一切除憂闇
34 香象
35 大精進
36 虚空庫
37 智幢
38 無量光
39 月光
40 賢護
41 光網
42 金剛蔵
43 無尽慧
44 弁積
45 普賢
46 金剛香
47 金剛華
48 金剛灯
49 金剛塗
50 金剛鉤
51 金剛索
52 金剛鎖
53 金剛鈴

2　秘密集会マンダラ（文殊金剛十九尊マンダラ）

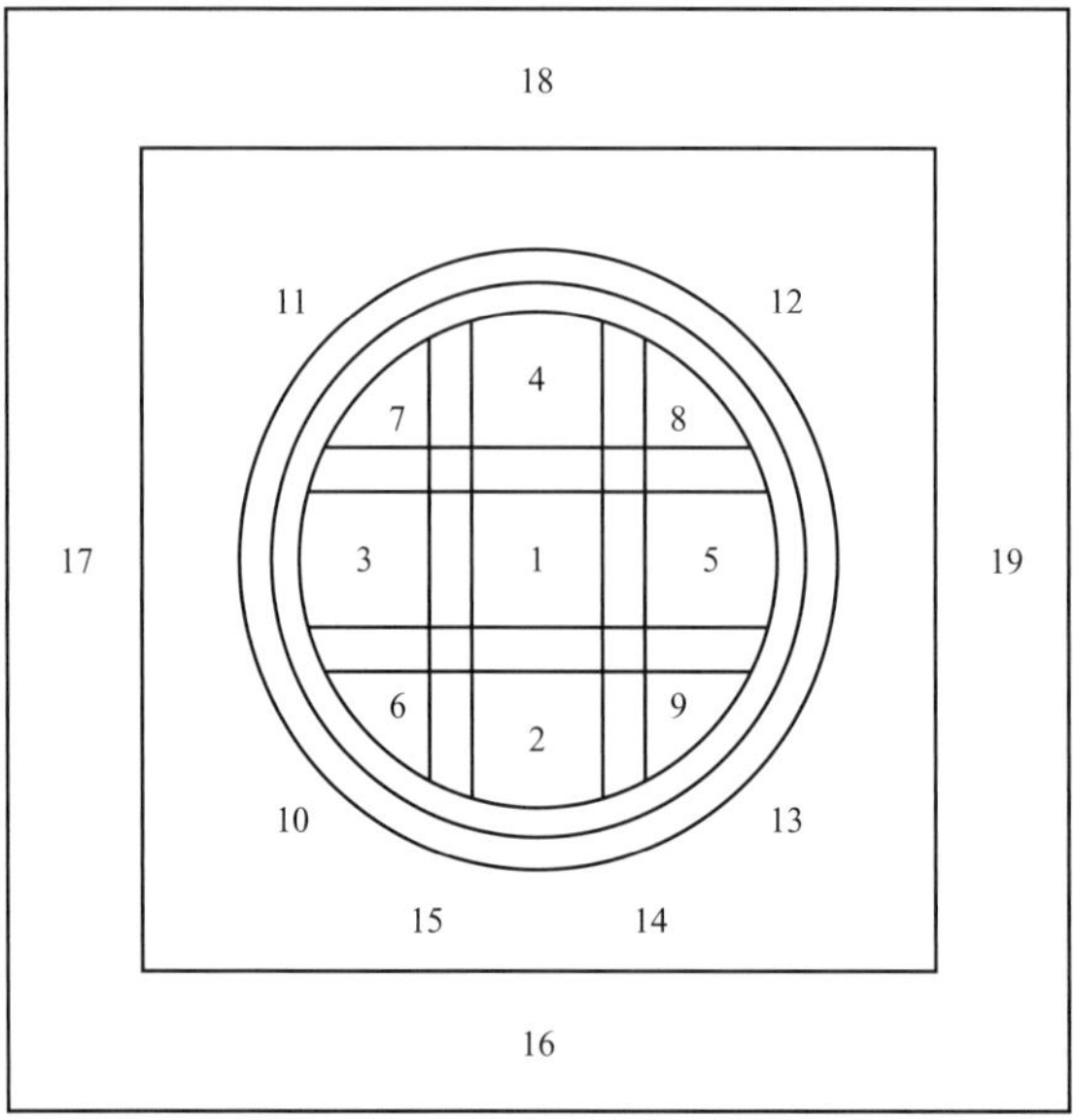

1　文殊金剛
2　大日
3　宝生
4　阿弥陀
5　不空成就
6　ローチャナー
7　マーマキー
8　パーンダラー
9　ターラー
10　色金剛女
11　声金剛女
12　香金剛女
13　味金剛女
14　触金剛女
15　法界金剛女
16　ヤマーンタカ
17　プラジュニャーンタカ
18　パドマーンタカ
19　ヴィグナーンタカ

3 秘密集会マンダラ（阿閦三十二尊マンダラ）

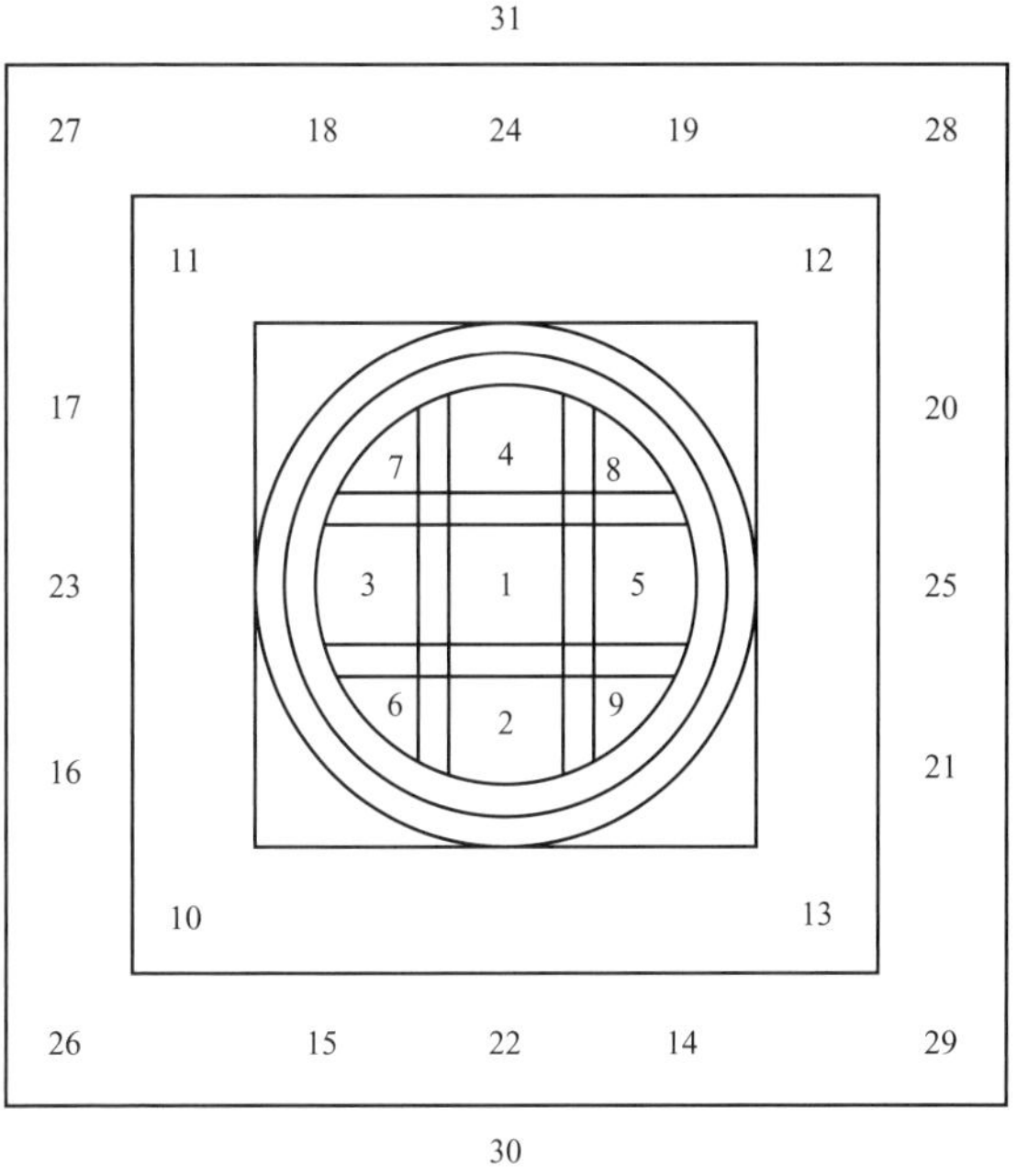

1 阿閦（触金剛女を伴う）
2 大日
3 宝生
4 阿弥陀
5 不空成就
6 ローチャナー
7 マーマキー
8 パーンダラー
9 ターラー
10 色金剛女
11 声金剛女
12 香金剛女
13 味金剛女
14 弥勒
15 地蔵
16 金剛手
17 虚空蔵
18 世自在
19 文殊
20 一切除蓋障
21 普賢
22 ヤマーリ
23 プラジュニャーンタカ
24 パドマーンタカ
25 ヴィグナーンタカ
26 アチャラ
27 タッキラージャ
28 ニーラダンダ
29 マハーバラ
30 ウシュニーシャチャクリン
31 スンバラージャ

4 文殊金剛マンダラ（『幻化網タントラ』所説）

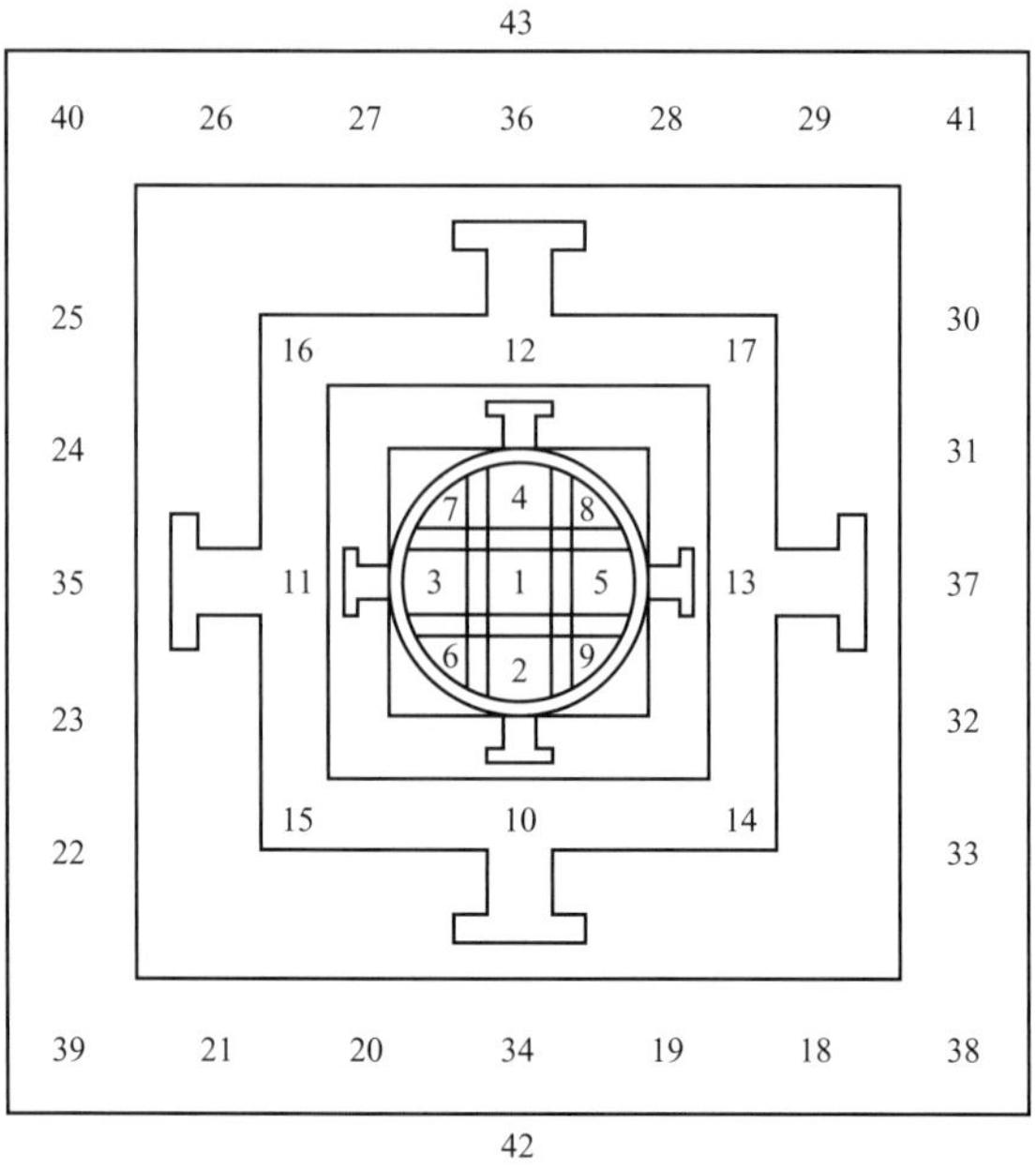

1 文殊金剛
2 阿閦
3 宝生
4 阿弥陀
5 不空成就
6 ローチャナー
7 マーマキー
8 パーンダラー
9 ターラー
10 薩埵金剛女
11 宝金剛女
12 法金剛女
13 羯磨金剛女
14 チュンダー
15 ラトノールカー
16 ブリクティー
17 ヴァジュラシュリンカラー
18 弥勒
19 文殊
20 香象
21 智幢
22 賢護
23 海慧
24 無尽慧
25 弁積
26 勢至
27 一切滅悪趣
28 一切除憂闇
29 網明
30 月光
31 無量光
32 虚空庫
33 一切除蓋障
34 大威徳
35 無能勝
36 馬頭
37 甘露軍荼梨
38 アチャラ
39 タッキラージャ
40 ニーラダンダ
41 マハーバラ
42 スンバ
43 ヴァジュラパーターラ

5 ヤマーリ・マンダラ

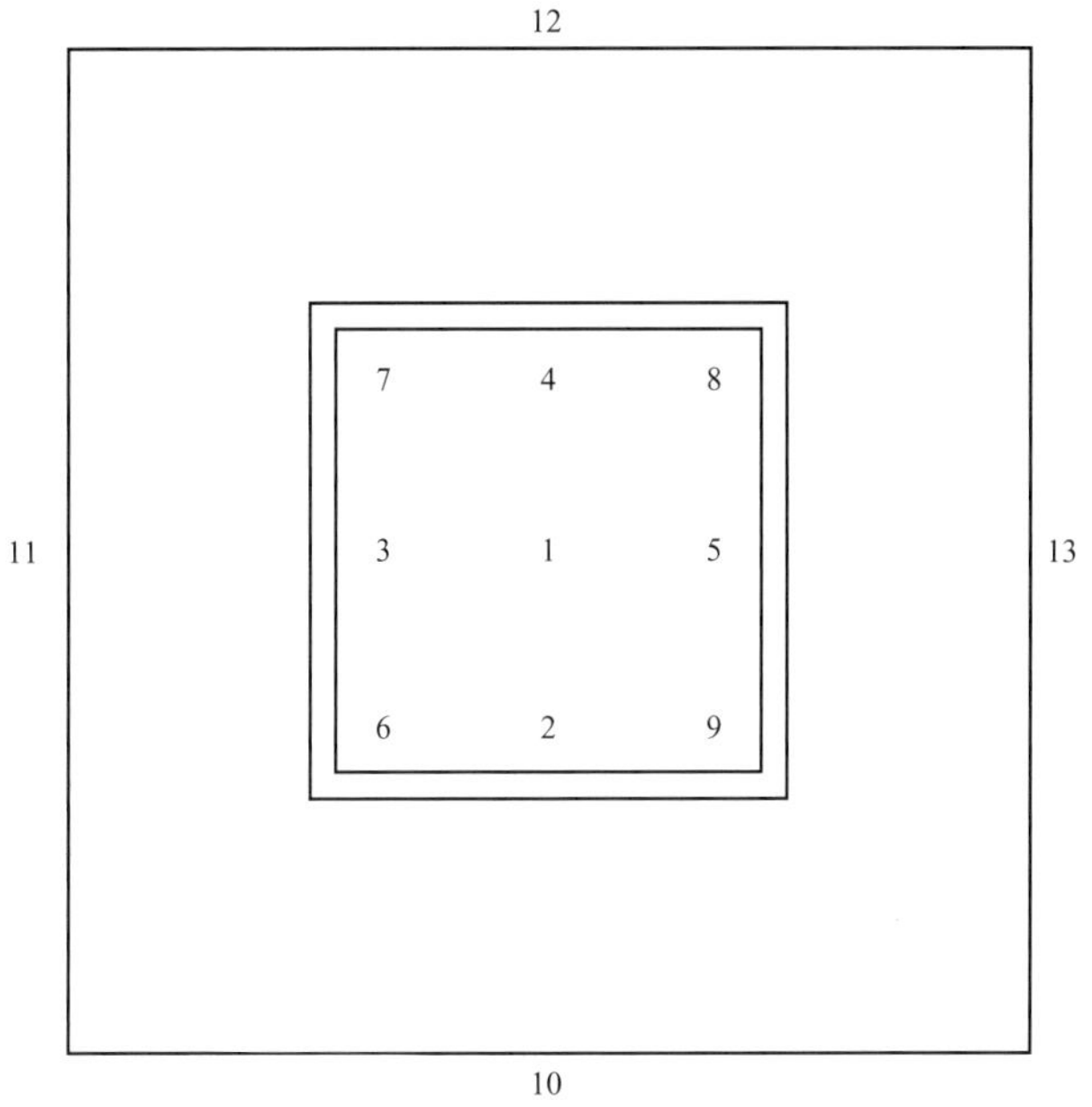

1 ヤマーリ
2 シャーシュヴァタ
3 宝主
4 阿弥陀
5 不空成就
6 ヴァジュラチャルチカー
7 ヴァジュラヴァーラーヒー
8 サラスヴァティー
9 ガウリー
10 ムドガラヤマーリ
11 ダンダヤマーリ
12 パドマヤマーリ
13 カドガヤマーリ

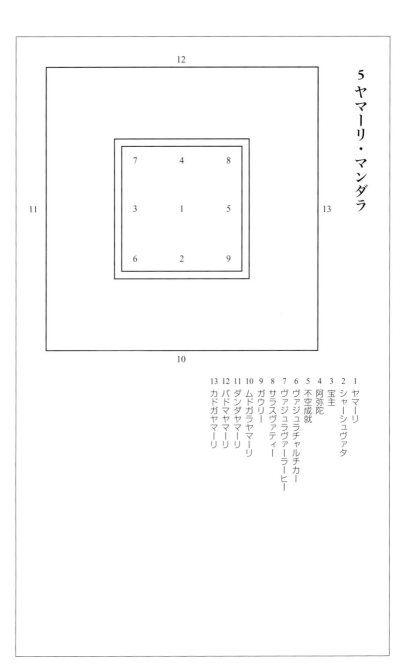

6　法界語自在マンダラ（中心部）

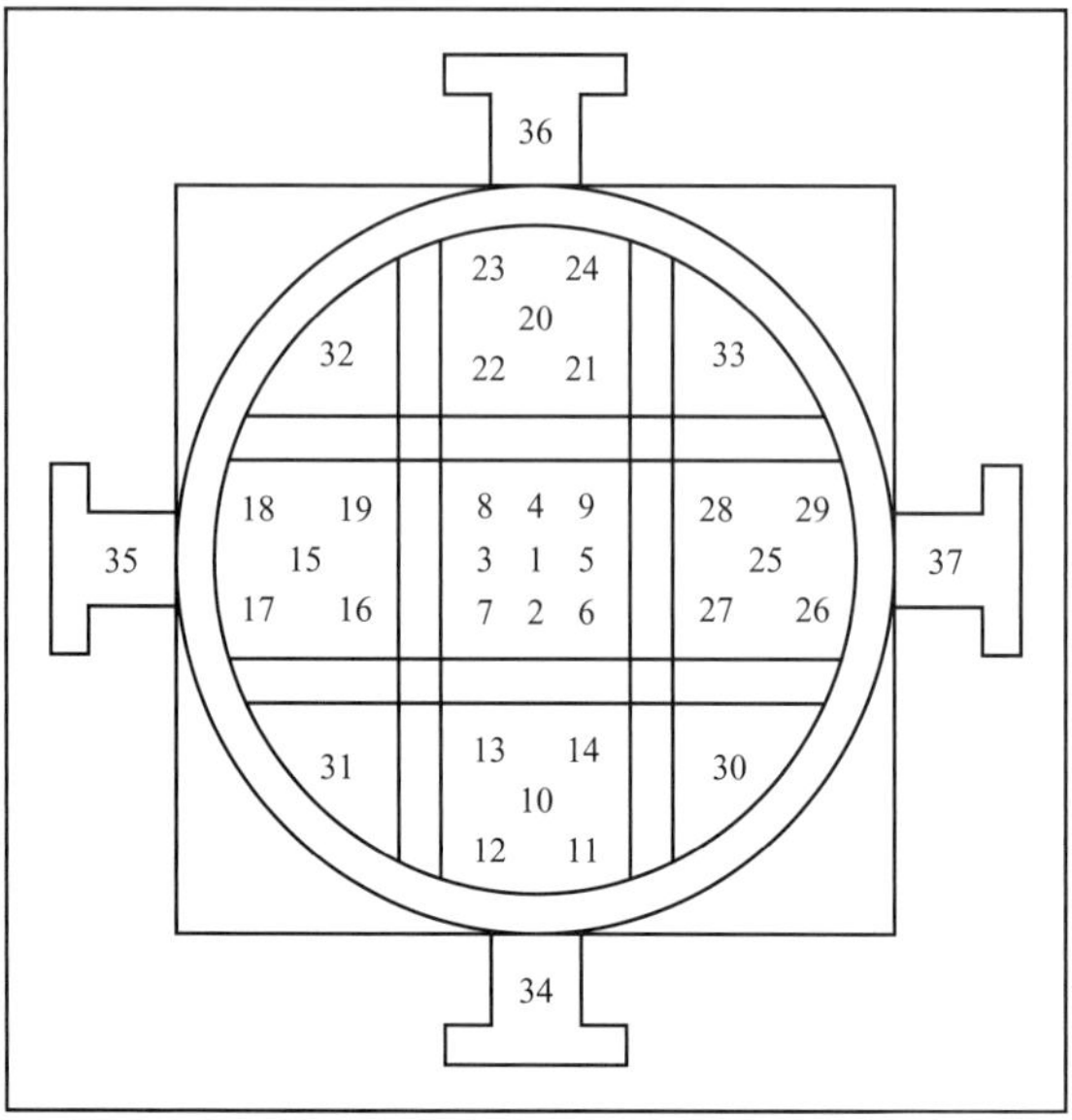

1　マンジュゴーシャ
2～9　八大仏頂
10　阿閦
11　金剛薩埵
12　金剛王
13　金剛愛
14　金剛喜
15　宝生
16　金剛宝
17　金剛光
18　金剛幢
19　金剛笑
20　阿弥陀
21　金剛法
22　金剛利
23　金剛因
24　金剛語
25　不空成就
26　金剛業
27　金剛護
28　金剛牙
29　金剛拳
30　ローチャナー
31　マーマキー
32　パーンダラー
33　ターラー
34　金剛鉤
35　金剛索
36　金剛鎖
37　金剛鈴

7 悪趣清浄マンダラ

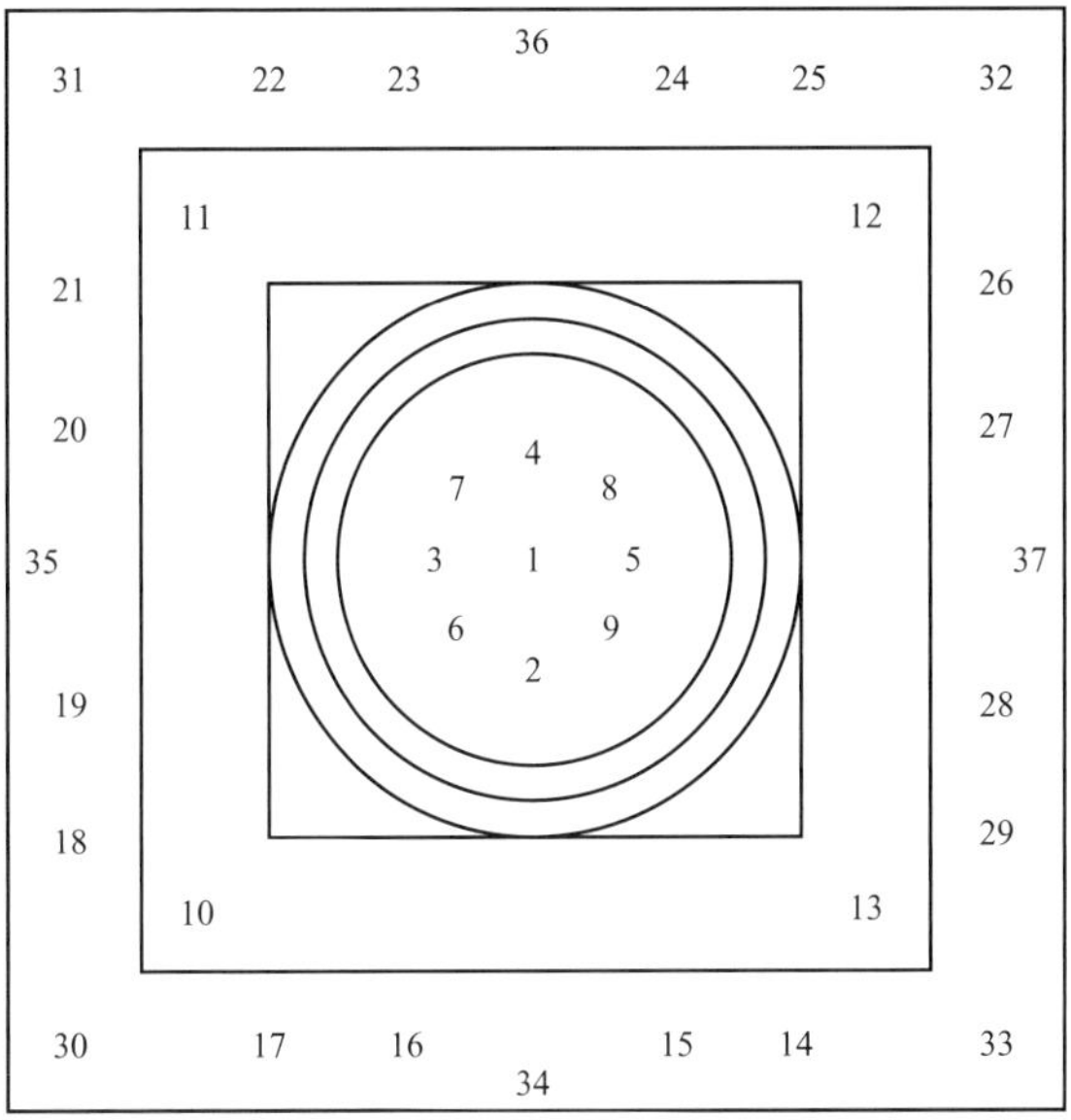

1 悪趣清浄
2 金剛仏頂
3 宝仏頂
4 蓮華仏頂
5 一切仏頂
6 光仏頂
7 幢仏頂
8 利仏頂
9 傘蓋仏頂
10 嬉女
11 鬘女
12 歌女
13 舞女
14 弥勒
15 不空見
16 滅悪趣
17 一切除憂闇
18 香象
19 大精進
20 虚空庫
21 智幢
22 甘露光
23 月光
24 賢護
25 網明
26 金剛蔵
27 無尽意
28 弁積
29 普賢
30 華女
31 香女
32 灯女
33 塗香女
34 金剛鉤
35 金剛索
36 金剛鎖
37 金剛鈴

主要著書ならびに翻訳書目録

全般に関係する書

B・バッタチャリヤ著、神代峻通訳『インド密教学序説』密教文化研究所、一九六二年
S・B・ダスグプタ著、宮坂宥勝・桑村正純訳『タントラ仏教入門』人文書院、一九八一年
松長有慶他編『梵語仏典の研究 Ⅳ 密教経典篇』平楽寺書店、一九八九年
松長有慶『密教の歴史』（サーラ叢書19）平楽寺書店、一九六九年
松長有慶『密教経典成立史論』法蔵館、一九八〇年
頼富本宏『密教仏の研究』法蔵館、一九九〇年
津田真一『反密教学』リブロポート、一九八七年
松長有慶編『インド密教の形成と展開』法蔵館、一九九八年
田中公明『性と死の密教』春秋社、一九九七年
杉木恒彦訳『八十四人の密教行者』春秋社、二〇〇〇年
立川武蔵・頼富本宏編『インド密教』〔シリーズ密教1〕春秋社、一九九九年
高橋尚夫、木村秀明、野口圭也、大塚伸夫編『初期密教 思想・信仰・文化』春秋社、二〇一三年
高橋尚夫、野口圭也、大塚伸夫編『空海とインド中期密教』春秋社、二〇一六年

密教儀礼に関係する書

桜井宗信『インド密教儀礼研究』法藏館、一九九六年
森　雅秀『マンダラの密教儀礼』春秋社、一九九七年

マンダラに関係する書

G・トゥッチ著、R・ギーブル訳『マンダラの理論と実践』平河出版社、一九八四年
M・ブラウエン著、森雅秀訳『図説曼荼羅大全　チベット仏教の神秘』東洋書林、二〇〇二年
立川武蔵『曼荼羅の神々』ありな書房、一九八七年
田中公明『曼荼羅イコノロジー』平河出版社、一九八七年
田中公明『インド・チベット曼荼羅の研究』法藏館、一九九六年
田中公明『インドにおける曼荼羅の成立と発展』春秋社、二〇一〇年
B. Bhattacharyya : *The Indian Buddhist Iconography*. 2nd. ed., Calcutta, 1968.
ソナム・ギャンツォ、立川武蔵編　*The Ngor Mandalas of Tibet*, Plates 1989, *Listings of the Mandala Deities*, 1991 Tokyo.
立川武蔵、正木晃編『チベット仏教図像研究――ペンコルチューデ仏塔』（国立民族学博物館研究報告別冊18号）一九九七年

◇図版提供者・出典（敬称略）◇

【カラー口絵】
1　アカニシュタ天で説法する釈尊
Asian Art Museum of San Francisco
2　阿閦金剛　The Hahn Cultural Foundation
3　秘密集会阿閦金剛マンダラ
R. Thurman & M. Rhie, *Wisdom and Compassion : The Sacred Art of Tibet*, Abradale/Abrams, 2000.
4　ヴァジュラバイラヴァ（ブロンズ）
北村太道
5　ヴァジュラバイラヴァ（タンカ）
R. Thurman & M. Rhie, *op.cit.*
6　モーハヤマーリ　松本栄一
7　法界語自在マンダラ　川﨑一洋
8　宿曜マンダラ　川﨑一洋
9　仏頂尊勝マンダラ　森　雅秀

【モノクロ図版】
中扉裏
持金剛（ブロンズ）　北村太道
序
『秘密集会タントラ』の主尊阿閦金剛
北村太道
1章
1　金剛界大日（大毘盧遮那）如来
森　雅秀
2　金剛薩埵　松長恵史
3　降三世明王　奥山直司
4　『真実摂経』「金剛界品」所説の羯磨曼荼羅　川﨑一洋
2章
1　『秘密集会タントラ』の主尊阿閦金剛のタンカ　北村太道
2　持金剛　The Hahn Cultural Foundation
3　秘密集会聖者流三十二尊マンダラ
The Hahn Cultural Foundation
4章
1　クリシュナヤマーリ　奥山直司
2　ラクタヤマーリ・マンダラの中心部
R. Thurman & M. Rhie, *op.cit.*
3　ヴァジュラバイラヴァ　The Hahn Cultural Foundation
4　ヴァジュラバイラヴァのタンカ
北村太道
5　ヴァジュラバイラヴァのブロンズ像
北村太道
6　ヴァジュラバイラヴァ・マンダラ
The Hahn Cultural Foundation
6章
1　普明マンダラ　The Hahn Cultural Foundation
2　『ドゥルガティパリショーダナ・タントラ』所説の八大龍マンダラ　川﨑一洋
3　宿曜マンダラ　川﨑一洋
7章
1　八十四成就者のタンカ　The Hahn Cultural Foundation
2　ヴァジュラヴァーラーヒー・マンダラ　The Hahn Cultural Foundation
8章
1　ヴァジュラーヴァリーの四種のマンダラ　R. Thurman & M. Rhie, *op.cit.*
2　カーラチャクラ・マンダラ
R. Thurman & M. Rhie, *ibid.*
3　アバヤーカラグプタのタンカ
G.Tucci, *Tibetan Painted Scrolls*, Libreria dello Stato, 1949

❖執筆者紹介❖

松長有慶（まつなが ゆうけい）
1929年、和歌山県生まれ。東北大学大学院博士課程修了。文学博士。高野山大学教授、同大学学長、同大学密教文化研究所所長等を経て、現在、高野山大学名誉教授。専門は密教学。主著に『松長有慶著作集』〈全５巻〉（法蔵館）、『密教の歴史』（平楽寺書店）、『密教』『高野山』（岩波新書）、『訳注　秘蔵宝鑰』（春秋社）等がある。

奥山直司（おくやま なおじ）
1956年、山形県生まれ。東北大学大学院博士課程修了。文学修士。現在、高野山大学教授。専門は仏教文化史。主著に『評伝 河口慧海』（中央公論新社）、『釈尊絵伝』（学習研究社）、編著に『河口慧海日記　ヒマラヤ・チベットの旅』（講談社）等がある。

桜井宗信（さくらい むねのぶ）
1961年、新潟県生まれ。東北大学大学院博士課程修了。博士（文学）。岩手大学助教授、東北大学大学院助教授を経て、現在、東北大学大学院教授。専門はインド・チベット密教学。主著に『インド密教儀礼研究－後期インド密教の灌頂次第』（法蔵館）がある。

森　雅秀（もり まさひで）
1962年、滋賀県生まれ。ロンドン大学大学院修了（Ph.D.）。高野山大学助教授等を経て、現在、金沢大学教授。専門は比較文化学、仏教文化史。主著に『チベット密教仏図典』（春秋社）等がある。

川﨑一洋（かわさき かずひろ）
1974年、岡山県生まれ。高野山大学大学院博士課程修了。博士（密教学）。現在、高野山大学特任准教授。専門は密教学、密教史、密教図像学。主著に『弘法大師空海と出会う』（岩波新書）等がある。

インド後期密教〔上〕 方便・父タントラ系の密教

2005年 11 月 25 日　初　版第 1 刷発行
2021年 1 月 25 日　新装版第 1 刷発行

編 著 者　松長有慶
発 行 者　神田　明
発 行 所　株式会社 春秋社
〒101-0021　東京都千代田区外神田2-18-6
電話　03-3255-9611（営業）
03-3255-9614（編集）
振替　00180-6-24861
https://www.shunjusha.co.jp/
装 幀 者　鈴木伸弘
印刷・製本　萩原印刷株式会社

ISBN978-4-393-11276-2　定価はカバー等に表示してあります

高橋尚夫／木村秀明／野口圭也／大塚伸夫編

初期密教　思想・信仰・文化

これまであまり研究が進んでこなかった初期密教を主要経典、陀羅尼・真言、図像・美術、修法・信仰の面から、インドから日本までを幅広く総合的に解説。

4200円

高橋尚夫／野口圭也／大塚伸夫編

空海とインド中期密教

『大日経』『金剛頂経』など、インド中期密教を代表する経典・注釈書の思想と実践、密教美術などの特徴から、真言宗の祖・空海がそれらをどのように受容し展開したかまでを探る。

2800円

田中公明

両界曼荼羅の源流

胎蔵・金剛界の両界曼荼羅の成立過程をインドに遡って解明。あわせてインドの後期密教や日本で独自に発達した浄土や神道系の曼荼羅も多数紹介した、格好の曼荼羅の入門書。

3000円

森雅秀著／宮坂宥明画

チベット密教仏図典

チベットで代表的な「如来」「菩薩」「守護尊」「護法尊」「女尊」「チベットの神がみ」など109尊を、精密な白描画をあげてわかりやすい解説を加えた一大図典。

3500円

勝又俊教

スタディーズ密教

インドに起こり、日本で発展した密教とはどのようなものか。密教のあらましを歴史・経典・真言等あらゆる方面から論じた書。『密教入門』改題新版。

2000円

松長有慶 編著

インド後期密教〔下〕 般若・母タントラ系の密教